西北地区农村中小学体育环境及优化研究

李艳茹 著

陕西师范大学出版总社

图书代号　ZZ22N1893

图书在版编目(CIP)数据

西北地区农村中小学体育环境及优化研究／李艳茹著.—西安：陕西师范大学出版总社有限公司,2022.10
ISBN 978-7-5695-3216-6

Ⅰ.①西… Ⅱ.①李… Ⅲ.①农村学校—中小学—体育教学—教学研究—西北地区　Ⅳ.①G633.962

中国版本图书馆 CIP 数据核字(2022)第 192680 号

西北地区农村中小学体育环境及优化研究
XIBEI DIQU NONGCUN ZHONG XIAO XUE TIYU HUANJING JI YOUHUA YANJIU
李艳茹　著

责任编辑	孙瑜鑫
责任校对	古　洁
封面设计	鼎新设计
出版发行	陕西师范大学出版总社
	(西安市长安南路 199 号　邮编 710062)
网　　址	http://www.snupg.com
经　　销	新华书店
印　　刷	西安日报社印务中心
开　　本	720 mm×1020 mm　1/16
印　　张	12.875
字　　数	204 千
版　　次	2022 年 10 月第 1 版
印　　次	2022 年 10 月第 1 次印刷
书　　号	ISBN 978-7-5695-3216-6
定　　价	45.00 元

读者购书、书店添货或发现印装质量问题，请与本社高等教育出版中心联系。
电话:(029)85303622(传真)　85307864

前言

　　素质教育是我国乃至世界教育改革的主流。学校体育既是素质教育的主要内容,又是素质教育的重要手段,在培养身心全面健康发展的现代社会人才方面起着无可替代的作用。随着教育在现代社会中功能的日益扩大,学校体育的作用和价值也与日俱增,愈来愈多地受到人们的关注和重视。

　　2006年12月23日,全国学校体育工作会议在京召开,国务委员陈至立出席会议并宣布启动"全国亿万学生阳光体育运动"(以下简称"阳光体育运动")。教育部、国家体育总局和共青团中央共同决定,作为素质教育的重要切入口,从2007年开始,以《学生体质健康标准》(以下简称《标准》)的全面实施为基础,在全国各级各类学校中开展阳光体育运动。阳光体育运动以"达标争优、强健体魄"为目标,准备用3至5年时间,使全国85%以上的学校能够全面实施《标准》,使85%以上的学生达到《标准》及格以上等级,做到每天锻炼一小时,掌握至少两项日常锻炼的体育技能,形成良好的体育锻炼习惯,体质健康水平切实得到提高。要达到这样的目标,就需要为学生提供包括场地器材设施、师资、体育氛围、体育政策、管理等全方位、良好的体育环境。

　　众多事实证明,环境对人的成长至关重要。中小学阶段的青少年正处于生长发育的关键时期,环境对其身体和心理的健康发展起着重要影响。学校体育环境是学校教育环境的重要组成,是影响学生参加体育活动的重要因素。良好的学校体育环境不仅可以使学生心情舒畅、精神振奋,提高学练兴趣,而且能够陶冶情操,培养学生感受美、鉴赏美和创造美的能力,同时也有助于学生体育习惯的形成。在科学技术迅猛发展的今天,学校、家庭、社区的生活环境正变得日趋复杂多样,学校体育环境对学生的体育活动、锻炼过程的影响也将更加重要突出。

文献资料显示,以美国、日本为代表的发达国家,其学校体育环境是非常优越的;而我国的学校体育环境却不容乐观。无论城市还是农村学校,经济条件、物质基础都是制约我国学校体育有效运行的突出因素,各类学校都程度不同、较为普遍地存在着场地过小,器材、经费、合格师资不足的问题,难以保障学生的体育需求,也很难保证学校体育的正常工作和持续稳定发展,同时也间接地影响到我国全民健身计划和素质教育改革的实施进程。上述问题在中小学中尤为突出,但中小学教育是基础教育,关系到较高层次以及整个教育的发展质量。因而,对中小学体育环境进行研究、完善,便成为当前学校体育改革中亟须完成的工作和课题。

当前,西北地区农村中小学体育的发展问题已成为我国现代社会中诸多发展不平衡问题之一。首先,和我国整体学校体育工作一样,西北地区农村和城镇中小学学校体育发展之间存在较大差距。对于这种不平衡,专家建议,要重点推进农村学校体育工作,重视每一个学生的全面发展。其次,我国地区之间发展极不平衡,长期以来,西北地区的落后已是不争的事实。思想观念、经济、地理位置和环境等主客观方面的因素,使西北地区的基础教育发展受到了严重的制约。在这样多重不平衡的环境中,西北地区尤其是农村中小学,学校体育不受重视,设施短缺、落后,学校体育工作举步维艰,发展缓慢,中小学生享受不到与其他地区中小学生一样的体育教育,这种与素质教育相悖的现象,不仅不利于学生身心全面健康发展,而且会加深、加大西北地区与其他地区的发展差距。

党中央西部大开发的号召,为西部的发展提供了良好的契机;党的十六届六中全会又把构建社会主义和谐社会作为贯穿中国特色社会主义事业全过程的长期历史任务,提出要"进一步改善农村办学条件,逐步提高农村中小学公用经费的保障水平。加强农村教师队伍建设,加大城镇教师支援农村教育的力度,促进城乡义务教育均衡发展"。在这多重良好契机面前,对西北农村中小学体育环境进行调查研究,提出发展战略和对策,对于建设新农村,构建和谐社会,缩小区域差距、城乡差距、学科差距,促进西北地区学校体育健康、稳定、持续、快速发展,促进我国全民健身计划和素质教育改革的实施,意义深远。

目　录

第一章　相关文献回顾 ································· 1
　一、体育环境 ······································· 1
　二、学校体育环境 ··································· 2

第二章　研究对象与研究方法 ························· 7
　一、研究对象 ······································· 7
　二、研究方法 ······································· 7
　　　（一）文献资料法 ······························· 7
　　　（二）调查法 ··································· 8
　三、研究思路与框架 ······························· 12

第三章　学校体育环境理论研究 ······················ 13
　一、学校体育环境的主、客体 ······················· 13
　二、学校体育环境系统的构成 ······················· 14
　三、学校体育环境的概念体系 ······················· 15
　　　（一）学校体育自然环境 ······················· 15
　　　（二）学校体育社会环境 ······················· 16
　四、学校体育环境系统对学校体育的影响 ············· 17
　　　（一）学校体育自然环境对学校体育的影响 ······· 17
　　　（二）学校体育社会环境对学校体育的影响 ······· 19
　五、学校体育环境的优化 ··························· 20
　　　（一）学校体育环境优化的概念 ················· 20
　　　（二）学校体育环境优化的原则 ················· 21

　　　　(三)学校体育环境优化的意义 ·· 22

第四章　西北地区农村中小学体育环境现状分析 ······················ 25
　一、西北地区农村中小学体育自然环境现状及其对学校体育的影响 ··· 25
　　　　(一)西北地区农村学校体育一般自然环境分析 ······················ 26
　　　　(二)西北地区农村学校体育特殊自然环境分析 ······················ 32
　　　　(三)西北地区农村学校体育自然环境对学校体育活动过程的影响
　　　　　　·· 35
　二、西北地区农村中小学体育社会环境现状 ································ 42
　　　　(一)西北地区农村中小学体育经济环境分析 ························ 42
　　　　(二)西北地区农村中小学体育设施环境分析 ························ 55
　　　　(三)西北地区农村中小学体育社会指导与师资环境分析 ········ 78
　　　　(四)西北地区农村中小学体育精神文化环境分析 ·················· 89
　　　　(五)西北地区农村中小学体育制度环境分析 ························ 109

第五章　西北地区农村中小学体育环境的优化 ···························· 121
　一、西北地区农村中小学体育环境的影响因素分析 ······················ 121
　　　　(一)人口自然状况 ··· 121
　　　　(二)经济发展水平 ··· 122
　　　　(三)教育观念 ··· 122
　　　　(四)制度、体制问题 ·· 122
　二、西北地区农村中小学体育环境优化目标 ································ 123
　　　　(一)西北地区农村中小学体育环境优化目标提出的依据 ········ 123
　　　　(二)西北地区农村中小学体育环境优化的目标 ····················· 130
　三、西北地区农村中小学体育环境优化的思路 ····························· 131
　　　　(一)西北地区农村中小学体育经济环境的优化 ····················· 131
　　　　(二)西北地区农村中小学体育制度环境的优化 ····················· 136
　　　　(三)西北地区农村中小学体育基础设施环境的优化 ··············· 139
　　　　(四)西北地区农村中小学体育师资指导环境的优化 ··············· 142
　　　　(五)西北地区农村中小学体育精神文化环境的优化 ··············· 143

参考文献 149
附件 155
    附件1 西北地区农村中小学体育环境及优化研究专家调查问卷(一) 155
    附件2 西北地区农村中小学体育环境及优化研究专家调查问卷(二) 157
    附件3 西北地区农村中小学体育环境及优化研究专家调查问卷(三) 162
    附件4 西北地区农村中小学体育环境调查系列问卷——学校领导问卷 165
    附件5 西北地区农村中小学体育环境调查系列问卷——体育组长问卷 173
    附件6 西北地区农村中小学体育环境调查系列问卷——体育教师问卷 181
    附件7 西北地区农村中小学体育环境调查系列问卷——学生问卷 ... 190

第一章 相关文献回顾

《汉语大词典》对环境的释义为:①周围的地方,②环绕所管辖的地区,③周围的自然条件和社会条件。①

《社会学大辞典》对环境的解释为:"环境是从物质上、精神文化上或制度上影响人们并使之感受其力量而力求与之相适应的周围的境况。人们周围的境况有两种形态:自然环境和社会环境。"②

《社会学百科辞典》中的解释为:"我们平时所说的环境,主要指以人为物质主体,环绕在人周围并与人产生相互影响的客观外界事物。环境包括自然环境、人口环境、生活环境、文化环境等多个侧面。"③

教学论的角度来看,环境主要指我们所研究的主体周围的一切情况和条件,对于人而言,环境是指人生活在其中,并能影响人的一切外部条件的综合,这个外部条件的综合,既是社会中的条件和社会关系的综合,也包括人们赖以生存的自然条件的综合。

一、体育环境

我国对于体育环境的研究始于20世纪80年代后期,目前比较有代表性的

---

① 罗竹风.汉语大辞典:第4卷[M].北京:汉语大辞典出版社,1989:640.
② 程继隆.社会学大辞典[M].北京:中国人事出版社,1995:412.
③ 袁方.社会学百科辞典[M].北京:中国广播电视出版社,1990:697.

有如下几种观点：

体育环境是指以人类体育运动为中心的自然环境和社会环境以及与体育运动相关要素的总和。①

体育环境是直接或间接影响到体育运动发展的一切自然与社会现象的总体。②

体育环境是指与体育相互联系、相互制约、相互促进的一切自然条件与社会条件的总称，即阳光、温度、气候、地磁、空气、岩石、土壤、动植物、微生物，以及社会的政治、经济、人文因素的总和。用一句话概括就是直接或间接影响到人们参与体育活动的一切物质、能量、自然与社会现象的总称。它能够与体育发生物质、能量和信息的交换，并对体育产生直接或间接的正、负面的影响。③

二、学校体育环境

学校体育环境有关研究始于20世纪90年代初期，目前国内关于学校体育环境的研究还主要停留在对基本理论的探讨上，关于学校体育环境概念及包含要素，主要有以下几种说法：

第一，我国有关学校体育环境的论述最早见于1993年孙辉的《论体育环境》，他认为体育环境按其范围可分为竞技体育环境、群众体育环境和学校体育环境，这三者同属于体育的内部环境，并简单介绍了学校体育环境的概念。学校体育环境是指以学校体育活动为中心的周围空间以及与学校体育各项或相互关联的事物境况④。学校体育环境与群众体育环境及竞技体育环境同属于体育环境。

第二，随着相关理论研究的发展，体育环境中的学校体育环境开始受到研究者的关注。20世纪90代初，李秉德教授在其主编的《教学论》中，将教学环

---

① 翁锡全.体育·环境·健康[M].北京：人民体育出版社，2004：2.
② 周全.北京2008年奥运会对国民体育意识和体育行为影响的研究[M].北京：人民体育出版社，2006：6.
③ 熊茂湘.体育环境导论[M].北京：北京体育大学出版社，2003：18-36.
④ 孙辉.论体育环境[J].上海体育学院学报，1993，17(2)：14-20.

境列入教学论的研究范畴,并设专章阐述了教学环境的概念、内容、功能和调控环境的基本原则等,在他的倡导和推动下,学校教学环境越来越被全社会所重视,同时,学校体育环境这个专门的研究领域开始被研究者所重视。1995年,邓跃宁在其《论学校体育环境及建设》中提出学校体育的环境观,并在运用社会学、文化学、系统科学等基本理论的基础上阐述了学校体育环境的基本要素、主要功能,以及建设学校体育环境的一些基本思路。[1]

学校体育环境是指一所学校范围内的体育环境。学校以外的体育环境则称为社会体育环境。这一定义下的学校体育环境包括物质要素(硬件部分)、制度要素(课堂常规、运动场管理制度以及其他制度等)和信息要素(体育锻炼的意识、风气、体育舆论等)等三大要素。

第三,熊茂湘认为,学校体育环境是指围绕着学校体育顺利开展的一切环境因素的总和。它包括国家的教育方针政策,教育体制;政府部门执行国家教育方针政策的决心和力度;学校体育的硬环境(主要是学校的管理机构、体育设施等)以及校园文化环境,学校体育的软环境(主要是学校的发展目标体系、教育方式、生活习惯、文化观念)。[2]

学校体育环境按性质分类,有硬环境和软环境,它与体育教学中的损伤事故有着直接的关系。硬环境又称物质环境,它包括体育场馆、体育设施、体育器材、学校代表队及学校体育社团组织、体育经费等。硬环境是以实实在在的形式存在,相对比较稳定,在一定的时间内它不会改变自身的性质和形状。软环境又称精神环境,包括政策与管理机制、教师与学生的思想观念及道德、教师与学生的心理、体育课的教材等内容。软环境相对硬环境而言,稳定性较差,容易得到改变。[3]

第四,姚蕾等认为学校体育环境包括体育物质环境(活动场所、器材设备和时空要素)和社会心理环境(学校体育传统与风气、课堂教学气氛、人际关系、体

---

[1] 邓跃宁.论学校体育环境及建设[J].四川体育科学,1995(1):36-40.
[2] 熊茂湘.体育环境导论[M].北京:北京体育大学出版社,2003:18-36.
[3] 熊茂湘.体育环境导论[M].北京:北京体育大学出版社,2003:40.

育信息、教师人格与教学行为及领导方式）。[1]

第五，徐雪英在前人研究的基础上归纳出学校体育环境包括国家的方针政策、教育制度，政府部门执行国家教育方针政策的决心和力度，学校的客观环境（主要是学校的管理机构、体育设施等），以及校园文化环境（主要是学校的发展目标体系、教育方式、生活习惯、文化观念等构成的软环境）等。根据性质的不同，学校体育环境可分为硬环境和软环境。硬环境又称物质环境，是指与体育这一主体发展发生影响的物质要素的总和，主要由三部分构成：体育实物要素、体育组织类要素、体育可物化要素。软环境又称精神环境，是指与体育这一主体发展发生影响的精神要素的总和，主要包括三个部分：制度文化要素、思想观念要素（思想体系、道德规范、人生观、世界观、价值观等）、心理要素（人际心理和社会心理）等层面。从学校体育环境的功能来分析，学校体育环境有养成教育的功能、陶冶功能、强化约束功能和保健功能等。[2]

第六，2004年出版的周登嵩主编的《学校体育学》中，设专章介绍了学校体育环境的概念、构成要素、功能等基本问题，并详细阐述了设计学校体育环境的基本原则和策略。学校体育环境是指开展学校体育活动需要的所有条件的总和。学校体育环境是学校教育环境的组成部分，包括物质环境（活动场所、器材设备等）和社会心理环境（学校体育传统与风气、人际关系、体育信息等）。[3] 这是学校体育环境首次被列入我国关于学校体育学的教材中，也是目前关于学校体育环境的最为详尽系统的研究。从其对学校体育环境的概念表述上，学校体育环境已经不再局限于体育环境的范围，而是被定位于微观教育环境的一个特殊组成部分，而多数研究者从教育环境出发，将学校体育环境的范围界定在校园内部的微观环境。

第七，罗达勇等把学校体育环境从内容上分为体育的意识环境、教学环境、训练环境、卫生环境和竞争环境等五个子环境，并论述了各子环境对学生身心

---

[1] 姚蕾.体育教学环境的构成要素、功能与设计[J].北京体育大学学报,2003,26(5)：649－651.

[2] 徐雪英.论校园体育环境在体育教学中的作用[J].山西师大体育学院学报,2006(S2)：35－38.

[3] 周登嵩.学校体育学[M].北京：人民体育出版社,2004：413－431.

发展的影响。①

第八，刘相林等将各要素进一步归于不同的子环境，如物质环境包括设施环境、自然环境、时空环境；社会心理环境包括人际心理环境、组织环境、情感环境、文化心理环境。也有人将这些要素分为学校的客观环境（主要是学校的管理机构、体育设施）和校园文化环境（主要是学校的发展目标体系、教育方式、文化观念等构成的软环境）。

上述大部分的观点是从体育环境入手，认为学校体育环境是体育环境在局部范围内的呈现。不同的是，第一种观点中的学校体育环境主要指的是一种物理环境，如自然地理条件和气候，以及学校的物质条件等；而第二、三、四、五种观点则不同程度地包含了与物理环境相对应的（社会）心理环境，或者说软环境。第六种观点则完全从教育环境入手，认为学校体育环境是教育环境的组成部分，当然，这里的教育环境是狭义的教育环境，其本质是一种人工环境。第七、八种观点把学校体育环境又进一步细分为各种子环境，从更加微观的角度来研究学校体育环境及其各子环境。

从学校体育环境的概念和要素发展中可以看到，对学校体育环境的研究正在脱离体育环境而开始倾向于教育环境，研究领域也正在从宏观研究向微观研究方面拓展，说明学校体育环境的教育功能正逐渐受到重视，学校体育环境研究的结构、体系正在逐渐细化和完善。

从现有文献来看，目前国内对学校体育环境关注程度较高，学者对于学校体育环境的功能和价值持肯定态度，认识观点比较一致：对学校体育环境的优化和完善是当前学校体育环境研究的核心。

目前，国内此类研究存在五个方面的特点：第一，尚处于基础理论的探讨阶段。现有的研究主要集中在两个方面，一是从理论上阐述学校体育环境的重要性及对环境的优化，二是对环境的构成要素及分类的分析研究。第二，缺乏较系统的研究。现有论文从整体上研究学校体育环境的并不多见，比较常见的只是一些关于学校体育物质环境、课堂气氛、体育教学环境等局部的研究，还没有

---

① 罗达勇，施晋江，汪海燕.试论学校体育环境与学生身心健康的发展[J].杭州师范学院学报，1996(3):66-69.

形成系统。第三,目前与学校体育的环境相关的称谓很多,但称谓混乱,缺乏系统的层次性。第四,对学校体育环境的构成要素存在较大分歧,这也是当前环境研究面临的最大难题。影响学校体育开展的因素很多,各研究者理解不同,因而在内容的界定和分类上还未达成一致。第五,对环境评价的研究几乎还是空白。关于学校教育环境的评价在国际上早已引起相关研究者的关注,以弗雷泽为代表的一批国际知名学者在广泛试验的基础上,编制修订并出版了一批国际社会公认的教育环境测量与评价的工具。国内关于学校教育环境的评价主要是借鉴这些研究成果,但如何运用这些评价工具对学校体育环境合理评价,目前研究得还很少,还主要停留在对环境的感性评价上。

现有文献资料中,对西北地区农村中小学体育环境的研究还是空白。

第二章 研究对象与研究方法

一、研究对象

本研究的研究对象是学校体育环境体系的结构、概念、功能等有关理论,以及西北地区农村中小学体育环境的现状与优化。

二、研究方法

(一)文献资料法

1. 查阅文献的内容

查阅文献的内容首先为环境、体育环境、学校体育环境的概念及其包含因素,其次为环境、体育环境、学校体育环境及其包含因素的影响,再次为我国以及西北五省(区)关于学校体育的相关政策、法规、制度、文件,最后为西北五省(区)自然地理环境、经济、民族、教育等相关数据。

2. 查阅文献的种类

查阅文献的种类包括图书、期刊、科研报告、学位论文、政府出版物、科技档案等。

3. 查阅文献的途径

网络资源:在中国知网,中国期刊全文数据库、硕士论文、博士论文数据库查阅相关的文献;通过政府官方网站查阅教育、学校体育相关的政策、制度、法规、文件及相关数据。

图书馆、书店:在国家图书馆、陕西省图书馆、西安体育学院图书馆以及书店收集本研究相关的文献资料。

(二)调查法

1. 专家调查

根据文献整理出学校体育环境的界定、分类及包含因素,设计成专家问卷,选取全国体育理论方面的知名专家、教授、学者,采用直接发放和电子邮件两种形式发放三轮问卷,每轮结束后对专家问卷进行汇总,构建出包括结构、分类等在内的学校体育环境理论体系,并以此为依据构思课题框架、设计课题问卷。

(1)专家基本情况

表1 调查专家一览表

序号	姓名	职称	工作单位	备注
1	耿××	教授	人民教育出版社	
2	王××	教授	北京体育大学	
3	刘××	副教授	首都体育学院、教育部体卫艺司体育处副处长	
4	樊××	教授	山西师范大学体育学院	
5	董××	教授	河南师范大学体育学院	现在华东师范大学
6	王××	教授	浙江师范大学体育与健康科学学院	
7	龚××	教授	湖南师范大学体育学院	现在上海体育学院
8	杨 ×	教授	河南大学体育学院	
9	张××	教授	山东师范大学体育学院	
10	于××	副教授	河南大学体育学院	发放问卷时在北京师范大学从事博士后研究工作
11	舒××	副教授	上海体育学院	

续表

序号	姓名	职称	工作单位	备注
12	胡××	教授	湖南科技大学体育学院	
13	辛 ×	教授	广州体育学院	
14	陆××	教授	华南师范大学体育科学学院	
15	柳××	教授	西安体育学院	
16	郑××	教授	西安体育学院	
17	刘××	教授	西安体育学院	
18	周××	教授	西安体育学院	
19	殷 ×	教授	河南大学体育学院	
20	卢××	教授	西安体育学院	
21	安××	教授	西安体育学院	
22	谢 ×	教授	西安体育学院	
23	车××	教授	上海体育学院	
24	王××	教授	信阳师范学院	
25	刘 ×	副教授	山东农业大学体育与艺术学院	
26	石 ×	教授	河南农业大学体育学院	
27	刘××	教授	南阳师范学院体育学院	
28	周××	副教授	漳州师范学院体育系	
29	赵××	副教授	郑州大学体育学院	
30	薛 ×	副教授		发放问卷时为北京师范大学体育与运动学院在读博士

(2)专家问卷设计情况

第一轮专家问卷设计:在专家访谈和参考相关文献的基础上初步界定出学校体育环境的概念、内容以及分类,通过专家调查,征求意见,为学校体育环境的分类及学校体育环境包含指标的确定奠定基础。

第二轮专家问卷设计:在第一轮专家调查结果分析的基础上形成第二轮问

卷,问卷调查各位专家对于学校体育环境二级指标、三级指标内容、分类及其重要性的态度和意见。

第三轮专家问卷设计:根据第二轮专家调查意见,对学校体育环境二、三级指标内容进行调整,然后发放第三轮问卷,再次确认各项指标的重要程度,为课题内容框架的构建、学校领导问卷、教师问卷以及学生问卷的设计提供依据。

(3)专家问卷发放数量情况

第一轮专家问卷发放30份,回收27份,有效问卷27份,问卷回收率90%,有效回收率100%;第二轮专家问卷发放30份,回收26份,有效问卷26份,问卷回收率86.67%,有效回收率100%。第三轮专家问卷发放30份,回收22份,有效问卷22份,问卷回收率73.33%,有效回收率100%。

2.问卷调查

以《中国教育统计年鉴》中西北地区五省(区)农村中小学校的数量为总样本量,把每个省(区)分成不同地区,对每个地区农村中小学样本类别、总量按照1:0.5的比例初步确定抽样数量,然后根据实际情况进行微调。最后确定抽取样本总量为420所,其中陕西120所,甘肃130所,宁夏35所,青海45所,新疆90所。对抽取的420所中小学校中主管体育的领导、体育组长、体育教师以及学生共发放问卷9745份,回收9608份,回收率为98.59%,其中有效问卷9441份,有效率为98.26%,总有效率为96.88%。

表2 西北地区农村中小学体育环境调查问卷发放及回收统计表

		发放问卷数(份)	回收问卷数(份)	有效问卷数(份)	回收率(%)	有效率(%)	总有效回收率(%)
陕西	学校领导	120	110	108	91.67	98.18	90.00
	体育组长	120	115	112	95.83	97.39	93.33
	体育教师	120	120	119	100	99.17	99.17
	学生	2400	2381	2377	99.21	99.83	99.04

续表

		发放问卷数(份)	回收问卷数(份)	有效问卷数(份)	回收率(%)	有效率(%)	总有效回收率(%)
甘肃	学校领导	130	112	110	86.15	98.21	84.62
	体育组长	130	124	123	95.39	99.19	94.62
	体育教师	130	113	111	86.92	98.23	85.39
	学生	2600	2588	2583	99.54	99.81	99.35
宁夏	学校领导	35	32	29	91.43	90.63	82.86
	体育组长	35	35	33	100	94.29	94.29
	体育教师	35	33	30	94.29	90.91	85.71
	学生	740	729	716	98.51	98.22	96.76
新疆	学校领导	90	69	58	76.67	84.06	64.44
	体育组长	90	87	77	96.67	88.51	85.56
	体育教师	50	42	38	84.00	90.48	76.00
	学生	1800	1788	1684	99.33	94.18	93.56
青海	学校领导	45	43	43	95.56	100	95.56
	体育组长	45	42	41	93.33	97.62	91.11
	体育教师	50	48	46	96.00	95.83	92.00
	学生	1000	992	978	99.20	98.59	97.80
合计	学校领导	420	366	348	87.14	95.08	82.86
	体育组长	420	405	386	95.95	95.78	91.90
	体育教师	385	356	344	92.47	96.63	89.35
	学生	8540	8478	8338	99.27	98.35	97.63

3. 走访调查

在发放问卷的同时,分配课题组成员赴部分农村进行实地考察和调研,通过走访学校体育教师、其他任课教师及学生家长,进一步了解农村中小学体育开展状况、体育经费、体育师资配备及使用状况等,掌握了大量的第一手资料。

4. 数理统计法

运用 VFP 6.0 软件建立数据库,对数据录入人员进行培训后,分别对回收来的领导问卷、教师问卷以及学生问卷进行集中录入,对各项指标进行处理、分析。

5. 实地考察

课题组于 2008 年 9 月至 12 月分赴西北五省(区)各地农村中小学,就各学校的体育场地、器材、师资、学校体育政策的制定与法规的执行、学校体育氛围等情况进行实地考察,获取直接客观资料。

6. 逻辑分析法

运用社会学、管理学、比较学等理论知识,对问卷调查、实地考察、走访调查、专家调查等方式取得的材料和事实进行归纳、演绎和综合分析,确保研究结果与所得结论的科学性。

三、研究思路与框架

本研究以学校体育环境的有关理论、西北地区农村中小学体育环境的现状与优化为研究对象,主要采用文献资料法、调查法等研究方法,在阅读大量文献的基础上,通过专家调查对学校体育环境的概念界定、分类等理论问题进行阐述,然后对西北地区农村中小学体育环境进行分析、比较,寻找差距,紧密结合西北地区特点与社会发展实际条件,提出西北地区农村中小学体育环境优化的目标和策略,提供具体的、适宜的、可选择的中小学体育环境优化路径。

本研究的研究框架由三部分组成,第一部分是学校体育环境的理论研究,包括学校体育环境的结构、概念体系、优化等;第二部分是在第一部分理论构建的基础上,对西北地区农村中小学体育环境进行现状剖析;第三部分是在对西北地区农村中小学体育环境影响因素分析的基础上,针对西北地区的资源、条件特点提出学校体育环境的优化思路、策略。

第三章　学校体育环境理论研究

从哲学的角度来看,环境是指某一中心或主体相对的客体,也就是说,环境是以一个相对的中心事物而言的,中心事物不同,所对应的环境内容自然不同。要研究学校体育环境,必须首先对学校体育环境的主体、客体予以确定。

学校体育只是体育范畴中的一部分,不等同于体育,不等同于竞技体育,也不等同于体育教学。自然条件、经济、政治、文化、体育器材等因素对学校体育产生影响的程度也有别于对其他体育范畴的影响。因此,本研究中对于学校体育环境的界定、系统构成要素的确定、归类,以及对具体要素分析的侧重点,不同于文献中对环境、教育环境、体育环境、体育教学环境等其他环境的研究。

一、学校体育环境的主、客体

本研究中的学校体育环境,其主体是"学校体育",即"学生在学校内外参加的体育活动"。与"学生在学校内外参加的体育活动"这一中心事物相关的周围事物,就是本研究中的客体,就是学校体育环境。

概括文献以及专家的意见,我们把与"学生在学校内外参加的体育活动"相关的因素概括为自然环境因素、经济因素、教育制度因素、场地器材设施因素、师资指导因素、体育文化氛围因素等六个方面。这六个方面的因素又归类为自然环境因素和社会环境因素两大类。学校体育环境主体、客体因素及归类如图1所示。

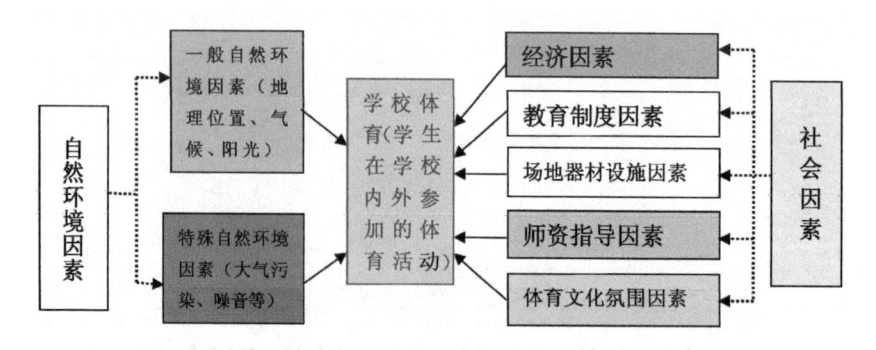

图1 "学校体育环境"的主体、客体关系图

二、学校体育环境系统的构成

在图1的基础上,根据存在形态以及对学校体育的影响程度、方式的不同,又可以将学校体育环境分为学校体育自然环境和学校体育社会环境,其中学校体育自然环境可分为一般自然环境和特殊自然环境,学校体育社会环境则包括经济环境、制度环境、基础设施环境、社会指导与师资环境及精神文化环境。

学校体育环境系统组织结构、内部关系如图2所示。

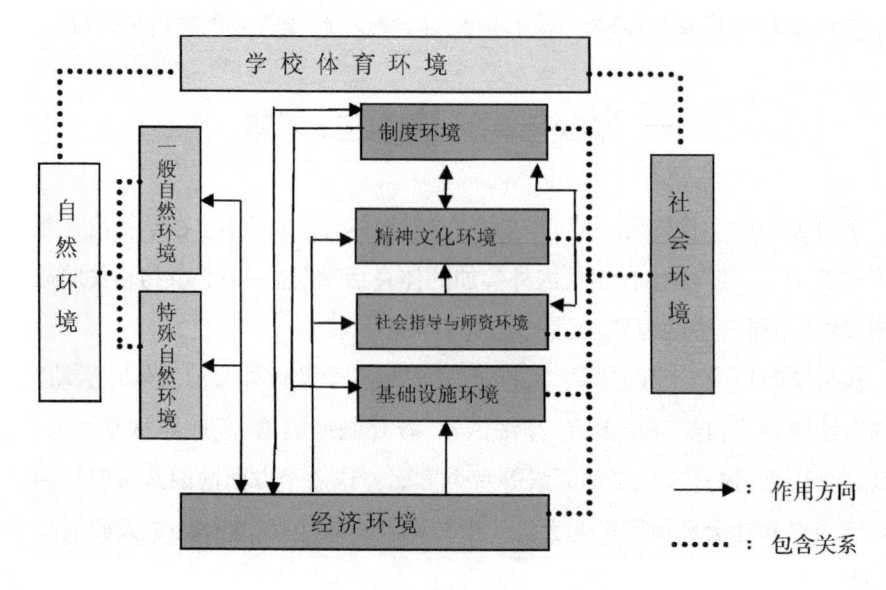

图2 学校体育环境系统结构关系图

虽然我们按照不同的属性或不同的作用范围把学校体育环境划分为不同部分、不同类型，但这种区分只是为了研究方便而刻意为之，只有形式上或理论上的区分。在实际的学校体育活动中，各子环境之间是不可分割的，它们相互联系、相互依赖、相互制约、相互作用，形成了一个具有不同层次和结构的学校体育环境系统。在这个系统中，经济环境是关键，对整个系统的发展起着决定性的作用。它是自然环境、制度环境、社会指导与师资环境、基础设施环境优化和发展的基础，其优劣程度直接决定着其他子环境的发展。制度环境是经济环境的集中和突出表现，对学校体育环境系统的发展起主导作用，既与社会指导与师资环境、精神文化环境有着双向的作用关系，又和自然环境一起对经济环境产生一定的制约作用。基础设施环境的发展则受到制度环境、经济环境的双重制约和影响。

三、学校体育环境的概念体系

本研究在综合文献对环境、体育环境及学校体育环境等概念界定的基础上，运用特尔非法征求各位专家意见后，对学校体育环境界定如下：

学校体育环境是指以学校体育为中心，直接或间接影响学生参加体育实践活动的自然因素和社会因素的总称。它是依据学校体育的功能、特点及全面发展学生身心这种特殊需求而组成的一个系统的育人环境，具体包括学校体育自然环境和学校体育社会环境。

（一）学校体育自然环境

学校体育自然环境是指环绕在学校体育实践活动周围，对学生的体育实践活动产生直接或间接影响的自然因素的总和。需要明确的是，学校体育不同于竞技体育，环境科学中自然环境包含的某些因素（例如重力、时差、土壤、生物、湿度等）对学校体育实践活动产生的影响非常小，可以忽略不计，所以本研究中所讲的学校体育自然环境，不是广阔无垠的自然界，仅指自然环境中对学生的体育实践活动有较大影响的因素。

根据形成过程是否有人类外力介入影响，我们把学校体育自然环境分为一般自然环境和特殊自然环境。其中一般自然环境是指自然环境中没有人类外力影响,自然形成、存在的因素。对学生人体机能和运动能力影响较大的一般自然环境因素包括海拔、地形、地貌、生态环境、气温、风、太阳辐射等。特殊自然环境是指学校体育自然环境中部分因素由于人类外力介入、影响而发生变化后形成的现象和状态,包括空气污染、噪声等。

(二)学校体育社会环境

学校体育社会环境是相对自然环境而言的,是指环绕在学校体育实践活动周围,对学生的体育实践活动产生直接或者间接影响的社会因素的总和。社会环境的构成因素是众多而复杂的,包括学校体育经济环境、学校体育制度环境、学校体育基础设施环境、学校体育社会指导与师资环境、学校体育精神文化环境等。

1. 学校体育经济环境

学校体育经济环境是指学校体育所面对的社会经济条件和运行状况。依据经济学原理与理论,学校体育经济环境可分为宏观经济环境、中观经济环境和微观经济环境,具体包括国民经济收入水平、学校体育教育经费水平、学生家庭收入及开支等四个方面的内容。

2. 学校体育制度环境

学校体育制度环境是指国家、地区及学校等不同层面学校体育相关政策法规的制定、实施和监管状况。

3. 学校体育基础设施环境

学校体育基础设施环境是指学生在校内外参加体育活动所需的场地器材设施等物质条件及安排设计状况。

4. 学校体育社会指导与师资环境

学校体育社会指导与师资环境是指学校内外指导学生体育活动的人员及指导工作状况。

5. 学校体育精神文化环境

学校体育精神文化环境是指学校在长期办学过程中形成并由全校师生共同遵守的对体育活动的信念、思维、心理和行为态度的一种体育精神文化氛围,主要包括学校的体育传统、体育风气、体育活动中的信息交流和人际关系及共同享有的学校体育的价值观念、道德规范、思想意识等。

四、学校体育环境系统对学校体育的影响

从理论上来讲，环境主体与客体之间是相互作用、相互影响的；具体到学校体育环境，主客体之间的作用依然是相互的。但是由于学校体育对环境的影响比较微弱，因此本研究只重点探讨学校体育环境对学校体育的影响。

学校体育环境的中心事物是"学校体育"，所以整个环境系统作用、影响的对象就是"学生在学校内外参加的体育活动"，具体作用、影响的则是学生和学生的体育活动过程两个方面。学校体育环境对学生的影响主要体现在学生体能、学生心理、学生能力等三个方面。而对学生的体育活动过程的影响主要表现在体育活动的项目、内容，体育活动的时间，体育活动数量，体育活动效果等四个方面。虽然学校体育自然环境和社会环境对学校体育的影响内容以及程度不同，但它们都以自身特有的方式干预着学生和他们的体育活动过程，系统地影响着学校体育各项活动的效果。学校体育环境系统对学校体育的影响内容及方式详见图3。

（一）学校体育自然环境对学校体育的影响

科学研究证实，尽管人类在生物学上同属一个物种，但人类的各个群体在很长的一段历史时期里彼此隔离地生活在不同的自然地理环境中，不同的居住环境便使得人们表现出不同的人体特征，体质、体格和机能形态上也具有较大差异。这些差异又使人们在运动能力方面表现出较大的差异性。同时，受不同地域的限制，不同地理环境和自然条件的巨大差异，人类自觉或不自觉地选择一定适应自然环境的运动方式，经过长期作用和世代影响，运动项目便形成了地域性的分布。

因此，学校体育自然环境对学校体育的首要影响就表现为对学生的影响：不同地区和民族的学生在体格、身体素质，以及运动能力方面存在一定差异。这些影响是隐性的、长期的、缓慢的，人类无法控制或者控制程度很小的，所造

成的差异需要通过长时间的纵向监测和大范围的横向比较研究才能发现。

学校体育自然环境对学生体育活动过程的影响则是其对学校体育产生较大影响的第二个方面:学生参加体育活动的项目、时间、数量及效果等均有地域性的差异。造成这种差异的原因有两个:第一,自然环境所造就的地域项目、民族项目在学校体育的活动内容上会有所体现;第二,自然环境中的一些因素,诸如天气冷热、紫外线强弱、风力大小以及雨雪变化等对运动项目的限制和影响非常直接。

学校体育自然环境中的环境污染、气候条件、天气状况等因素对学生的情绪情感、体育态度等心理因素也有较大和直接的影响;对学生技能能力的影响也有,但是程度比较微弱。

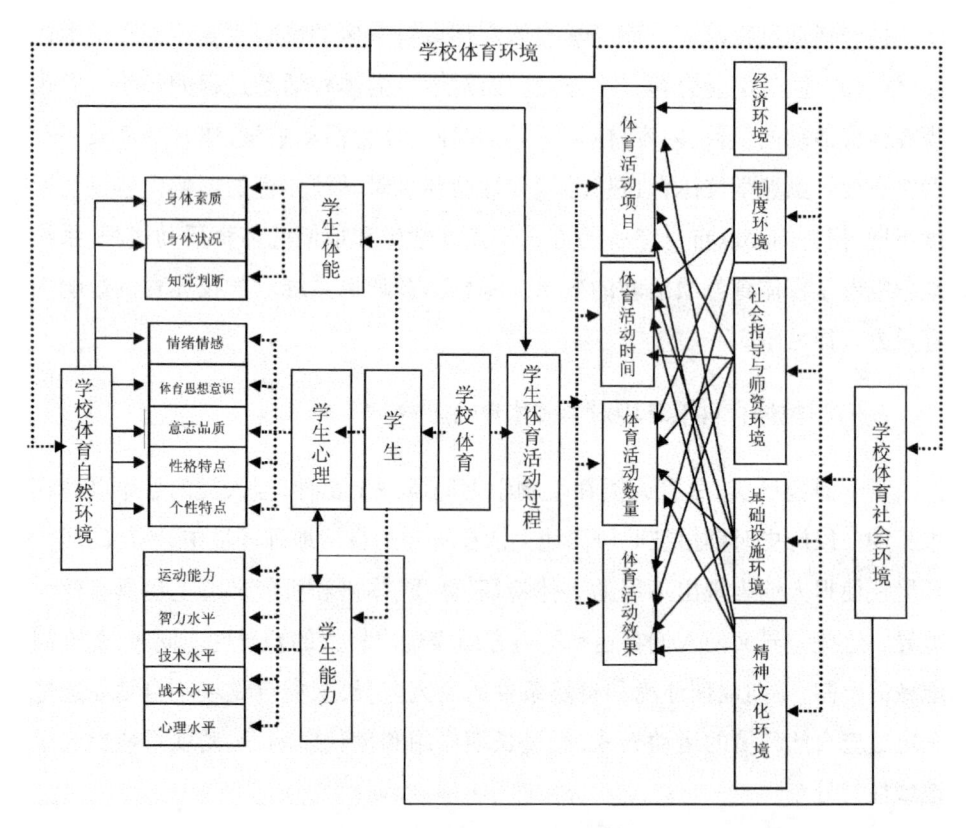

图3 学校体育环境系统对学校体育的影响内容及方式

(二)学校体育社会环境对学校体育的影响

从图3中可以看出,学校体育社会环境包括了经济环境、制度环境、社会指导与师资环境、基础设施环境及精神文化环境等五个方面,其对学校体育产生的影响是最为广泛、最为全面的,同时也是最为重要和关键的。

"经济对体育的基础性决定作用,不仅表现在经济发展程度决定体育发展水平,而且也表现在社会经济运行方式决定体育的运行方式。"[①]经济环境是影响、制约、促进学校体育发展的重要因素。学校体育教育的发展规模、水平和速度,归根到底取决于经济发展水平,取决于经济发展所能够为学校体育教育提供的物质条件,取决于经济发展带来的个人经济状况以及由此引发的人的观念、思维方式和行为方式的变化。经济环境对学校体育教育发展产生的影响主要表现在学校体育教育经费投入、学校体育场地设施建设、体育教师的待遇及学生的体育消费水平等方面,这些因素会间接地影响学生的体育活动过程,对学生参加体育活动的内容、项目、效果产生较大的影响。

制度环境是学校体育事业发展的重要保障。学校教育、体育相关政策法规是国家制定和认可的行为规范,它们一方面明确了我国学校体育的目标,规定了培养人才的规格和方式方法,为学校体育各项工作的开展指明了方向;另一方面因其是国家确认权利和义务并以国家强制力保障实施的行为规范,是一种国家意志,其实施就由国家来保障,要求强制执行,这就为学校体育的发展提供了有力的支持和保障。具体来讲,学校体育师资、体育场地设施的配备、体育课的开设、课外体育活动的开展、运动竞赛的组织,以及学生体质的测试等各项工作都由相关政策、法规来指导和监督。因此,学校体育制度环境虽然只是以政策法规文件等形式出现,但它却对学生能否参加体育活动,体育活动的内容、时间、数量等学校体育具体工作有着举足轻重的作用。

社会指导与师资环境、基础设施环境是学校体育课程的构成要素,在学校体育社会环境中,它们对学校体育产生的影响是最为直接和具体的。学校体育教师、社会体育指导人员的数量,对学生体育活动进行指导的状况,学校以及家

---

① 熊茂湘.体育环境导论[M].北京:北京体育大学出版社,2003:219.

庭周围体育场地器材设施的类别、数量、规划设置，都是影响学生体育活动的关键因素；学生能否参加体育活动、是否愿意参加体育活动，以及参加什么项目、参加多长时间、参加的效果如何等一系列问题均与这些因素密切相关。因此，社会指导与师资环境、基础设施环境是学校体育工作能否开展的关键所在。

精神文化环境是由学生周围人群长期创造的特定的精神环境和文化氛围，包括学校、班级、家庭生活中所形成的体育氛围、体育传统与风气，领导者的体育风格、体育教育理念，体育教师的人格魅力、体育教育中的心理气氛、师生关系，以及追求的目标价值取向等。这些因素综合在一起，形成了一种隐性的影响力，一方面对学生的情绪情感、体育态度意识等心理方面产生潜移默化的影响，另一方面则对学生参加体育活动的项目、时间、数量及效果等形成一定的引导和指示作用。

在学校体育社会环境中，基础设施环境、社会指导与师资指导环境是决定学校体育发展情况的直接因素。经济环境是学校体育发展的基础，通过对基础设施环境、社会指导与师资环境的影响，间接影响学生的体育活动过程。制度环境则为学校体育的发展提供指导、监督和保障。精神文化环境对学校体育产生的影响则是隐性的、潜移默化的。

总而言之，学校体育自然环境和社会环境构成了一个相互联系、相互依赖、相互制约、相互作用的环境系统，它们以一定的途径和方式共同影响着学生和他们的体育活动。但因为自然环境中很多因素是我们无法控制或者控制程度很小的，所以本研究以学校体育社会环境为研究重点。

五、学校体育环境的优化

（一）学校体育环境优化的概念

"优化"原有多种解释：第一，"去其糟粕，取其精华"；第二，为了在某一方面更加出色而去其糟粕；第三，为了在某方面更优秀而放弃其他不太重要的方面；第四，使某人或者某物变得更优秀。

本研究中的"学校体育环境优化"是指遵循一定指导思想和原则，在对学校体育环境资源现状分析的基础上,运用合理、有效的途径和方法,对学校体育环境及影响因素进行调整、组合,发挥学校体育环境最佳效能,为学校体育发展创造条件,提供保障。

(二)学校体育环境优化的原则

1. 从实际出发原则

学校体育环境的优化不是盲目地构建理想中完美的空中楼阁。不同区域(或地区)具有不同的自然、人文环境,经济、教育处于不同的发展水平,学校体育环境优化目标、策略的提出通常要与一定区域(或地区)紧密结合,要因地制宜,在对优化区域内现有资源的数量、质量、条件等进行客观分析、评价的基础上才能进行。脱离了实际的优化方案针对性不强,目标设定不科学,难以操作和实施。

2. 整体优化与局部优先相结合原则

学校体育环境系统是由多个子环境构成的一个有机整体,各子环境之间相互联系、相互制约、相互促进,任何一个子环境的发展变化必然会引起其他子环境的变化。因此,对于学校体育环境的优化必须坚持整体性原则。

但同时我们也要注意,构成学校体育环境系统的各个子环境对学生以及他们的体育活动产生影响的程度有深有浅,方式有直接也有间接,需要优化的迫切程度及优化效果的明显程度也有较大差异。例如,经济环境、自然环境优化的时间会比较长、效果不明显,而基础设施环境、社会指导与师资环境优化的迫切程度较高、效果比较明显。在资源、能力有限,无法保证所有子环境都同步快速发展时,应优先发展对学生影响作用比较直接、迫切程度高、见效快的子环境,做到整体优化与局部优先相结合。

3. 阶段性与长期性相结合原则

当今世界,教育是民族强大、国家发展的基石,要常抓不懈。在我国,作为学校教育重要组成部分的学校体育事业更是任重而道远,远非一朝一夕能够完成,围绕着学校体育进行的环境建设、优化工作就成了一项只有起点没有终点,只有更好没有最好的长期工作。因此,对于学校体育环境的优化,我们必须坚持长期性原则。

学校体育环境优化工作"长期性、没有终点"的特点,也决定了这一工作必须分阶段阶梯式进行。优化目标通常是针对某一特定时期学校体育环境实际提出来的,具有针对性和时效性。随着优化措施的实施,学校体育环境会逐渐发生变化,直至优化目标实现,原有目标便失去了对优化工作的指导性。这时就需要根据新阶段学校体育环境实际对学校体育环境优化工作的目标进行重新调整。

因此,我们要坚持阶段目标与长期目标相结合,阶段措施与长期效果相结合,分阶段阶梯式地推进学校体育环境的优化工作。

4. 政府主导与全民参与相结合原则

学校体育环境是由多个子环境构成的,涉及政治、经济、自然等多个领域,牵扯到政府、学校、家庭等不同层面。因此,对学校体育环境的优化就不是单纯学校层面能解决和处理的,需要全社会都动员起来,形成"以政府为主导,学校为主体,家庭为辅助,全民参与"的一体化优化模式,不同层面、不同人群都来关注、重视、参与学校体育环境的优化工作。

(三) 学校体育环境优化的意义

通过上面的分析可以看出,学校体育环境是学生参加体育活动的前提条件,是学校各项体育活动赖以进行的重要保障。为学生构建良好的学校体育环境是极为重要的一项工作。

1. 可以提高学生心智发展水平

环境心理学和教学环境的研究结果都证实,学生的智力发展、智力活动的效率与环境的各种因素有很大关系。学生进行智力活动时需要有适当的光线强度、温度、颜色和声音。

有关研究表明:良好的环境因素的刺激,可以促进智力的发展;刺激缺乏或刺激不良,则会抑制智力的发展。人脑的功能主要表现在四个方面:一是信息的吸收,二是信息的储存,三是信息的判断,四是信息的重新排列和组合,这几种功能及有关脑组织的发展十分需要信息的充分输入和刺激。越是接受外界信息的刺激,受到合理的锻炼,它们的发展就越快。在一个良好的环境中,丰富的信息可以得到必要的选择控制,有利于智力发展的信息得以传递,不良的信息刺激可以降低到最低限度。从这个意义上说,一个良好的环境能为智力的发展提供丰富良好的刺激,从而促进学生良好智力品质的形成。

此外,良好的环境还能激发学生积极的情绪、情感,并以此为中介来促进智力活动的进行。情绪、情感对智力活动的影响具有双重性,愉快的情绪情感有利于智力活动,沮丧、愤怒的情绪情感则不利于智力活动。在学生的各项体育活动中,学校体育环境正是利用情绪、情感的这一特点对学生的智力活动施加影响的。情绪、情感具有情境性,在不同的情境中可以形成不同的情绪和情感:学生走进体育活动场地,如果展现在眼前的是布局合理、井然有序的器材,热闹活跃的比赛场面,必然会精神振作,情绪愉悦,进而会思维灵活,头脑清晰,学练动作就会迅速、协调;肮脏混乱、空气污浊的环境则容易使学生情绪低落,出现思维迟钝、头脑不清等情况,学练动作较慢且不协调。另外,教师真诚的鼓励和关爱,和谐友好的人际关系,积极向上的学练气氛等环境条件也能够激发学生积极的情绪情感体验,从而对智力活动起到良好的调节和组织作用。

在以往的体育工作中,我们较多地考虑了学生的人身安全,学生体质的增强,对学生的情绪情感以及审美能力等心智方面的关注较少。在今后的工作中,我们应以学生为本,努力完善学校体育环境,为学生心智的发展提供有利条件。

2. 可以激发学生的体育学习动机

动机是激励人们去行动以达到一定目的的内在原因。人的各种活动,都是由一定的动机引起的。学生的学习活动,也总是在一定的学习动机支配下进行的。学习动机是直接推动学生进行学习的一种内部动力,它表现为学习的需要、意向、愿望或兴趣等形式。在学生的学习过程中,学习动机通过发挥自身的指引方向、集中注意和增加活力等功能,对学生的学习过程和学业成绩产生重要影响。

学生体育学习动机是随着体育学习需要本身的变动和学生对体育学习需要的认识发展而变动的。体育学习的动机一旦形成,可以使学生对所学内容有一定的指向性,即有主动积极的态度、对体育学习的兴趣、集中注意力等。只有培养和激发出学生对体育的学习动机,才能调动学生参与体育活动、学习体育知识技能的积极性和主动性。研究表明,学生的体育学习动机是在具体的学习情境中激发和发展起来的。在特定的条件下,学校体育环境中的各种因素都可能成为影响学生体育学习动机的诱因。体育活动的氛围、师生人际关系、教师期望、学生群体的凝聚力和群体目标、群体舆论、学习中的竞争与合作、体育学练环境的布置及其新异程度,等等,都在一定程度上对学生的体育学习动机产生着潜在的影响。这些影响可能是积极的,也可能是消极的。它们既可以充分调动学生的体育学习积极性,使他们全力以赴地进行学练,也可以使学生远离体育,丧失对体育的学习兴趣。

3. 可使学生产生积极、规范的体育行为并能提高学生的体育学习成绩

体育行为是学生体育活动过程中认知、情绪的外在表现。心理学家勒温早期关于行为的研究表明,行为是人与环境的函数,这一研究成果揭示了人的行为与环境之间的内在联系。研究表明,各种具体的学校体育环境因素都会对学生的体育行为产生直接或间接的影响,不同的体育环境可以导致不同的体育行为。优美的环境,适当的光线和温度,崭新、标准、布局合理的场地器材,严格、规范的管理制度以及活跃的锻炼氛围等都能对学生产生良好的刺激,使学生自觉、认真、积极地投身体育锻炼,形成规范的体育行为。肮脏嘈杂的环境、不合适的光线和温度、破旧的场地器材、杂乱无章的安排布置、松散的管理,以及体育传统,都会使学生散漫地、消极地对待体育活动,活动过程中也会注意力分散、烦躁不安,不友善行为和冲突性行为也会随之增加。

既然学校体育环境从诸多方面影响着学生的体育活动,那么对学生的体育成绩也必然会产生影响。人们对体育的关注程度、相应的各种体育行为、光线、噪声、温度等对学生的体育成绩都有不同程度的影响。

综上所述,学校体育环境的各个方面都对学生的体育活动施加着潜在而有力的影响,并与学生的体育成绩发生密切联系:它既直接地影响着学生学练体育的兴趣和积极性,又间接地影响学生的体质,影响学生的体育态度、观念、体育行为,以及终身体育思想的形成,对整个学校体育工作起着举足轻重的作用。在科学技术迅猛发展的今天,学校、家庭、社区的生活环境、条件正日趋复杂多样,学校体育环境对学生的体育活动、锻炼过程的影响也将更加突出。因此,在学校体育工作中,我们应努力为学生创造一个良好的学练环境,使学校体育环境的各个因素都成为推进学生积极参加体育活动的有利条件。

第四章　西北地区农村中小学体育环境现状分析

行政区划是国家为便于行政管理而分级划分的区域,具有一定的权威性。中国政区—行政区划网站①界定西北地区包括陕西省、甘肃省、青海省、宁夏回族自治区和新疆维吾尔自治区五个行政区域。因此,本研究中提到的西北地区即上述五个行政区域。

一、西北地区农村中小学体育自然环境现状及其对学校体育的影响

自然环境对学校体育的影响主要表现在两个方面:对学生的影响和对学生体育活动过程的影响。但由于自然环境对学生体能(包括身体素质、身体状况等)的影响是隐性的、长期的、缓慢的,所造成的差异需要进行长时间的纵向监测和大范围的横向比较研究才能发现,且这方面的研究结果在国家学生体质监测数据资料中能够找到,所以本研究对西北地区农村中小学生体能各项指标不予分析和讨论,仅探讨自然环境对学生体育活动过程的影响。

---

① www.xzqh.org/quhua/index.htm

（一）西北地区农村学校体育一般自然环境分析

西北地区地理位置深入亚欧大陆腹地，四面都距海遥远，加之境内地形复杂，山脉纵横交错，海拔相差悬殊，几乎完全得不到海洋上湿润气流调节的大气环流条件，同时由于南北延伸很长，所跨纬度多，因而境内南北间气候差异明显。区内北部大部区域为温带干旱半干旱气候、中部为暖温带半干旱或半湿润气候、南部秦巴山区为暖温带湿润气候，总体而言，西北地区降水稀少，气候干燥，冬寒夏暑昼热夜凉，气温年日差较大，具有显著的大陆季风性气候特点。

图4　新疆维吾尔自治区自然环境　　　图5　甘肃省自然环境

图6　青海省自然环境

下面就对气温、日照、风、太阳辐射以及降水和湿度等对学生人体机能和运动能力影响较大的一般自然环境因素进行简要分析。

1. 气温

气温是空气冷热程度的物理量,空气冷热程度是空气分子平均动能大小的表现。一般在高温的环境中进行体育运动,会造成机体内储存过多的热量,引起机体一系列的应激反应,使血管扩张,肌肉的耐力下降,为了加强散热会使得静脉容量血管中血液增多,大量排汗后又使得血浆量降低,最终影响氧运输的能力。在热环境中运动还会产生一些如中暑、热痉挛等热疾病。在冷环境中运动,气温低,会使得神经、肌肉和腺体的兴奋性降低;皮肤和皮下组织血流量减少,使得暴露在外的身体部位变得麻木;寒冷的天气还会使得肌肉黏滞性增加,不仅影响运动技术的发挥,还会增加运动损伤的发生概率。

图7 新疆维吾尔自治区冬季自然环境

西北地区的冬季严寒,夏季炎热,四季之间、早晚之间温差非常大,许多地方最大的气温日较差在20℃至25℃之间,吐鲁番盆地气温日较差的极端情况可达到50℃。西北地区多年平均气温在-10℃至15℃,其中青海省南部即三江源区平均气温较低,多在-5℃以下,甘肃省东南部和陕西省南部的秦巴山区和关中平原地区以及新疆维吾尔自治区境内塔里木盆地、吐鲁番盆地的平均气温相对较高,均在10℃至15℃,其他地区气温多为0℃至5℃。区内平均气温的差异与海拔高度密切相关,例如青海省日平均气温低于0℃的天数在海拔2000~4000米的地区为4~6个月,4000米以上的地区则要超过

6个月。这样的气温,很显然不利于学生进行体育运动。

表3 西北地区农村中小学体育组长认为"本校所在地区四季体感温度适合体育锻炼"的人员比例统计表(N=386)

	春季	夏季	秋季	冬季
陕西(n=112)	19.19%	17.11%	21.21%	11.83%
甘肃(n=123)	38.73%	39.6%	44.45%	15.20%
宁夏(n=33)	7.74%	9.40%	11.12%	3.04%
新疆(n=77)	6.39%	6.04%	9.42%	3.04%
青海(n=41)	8.75%	10.40%	11.11%	4.06%

从表3中数据可以看出:西北五省(区)在气温方面既有共性又有差异。共性之一是秋季最适合体育锻炼,冬季最不适合;共性之二是适合体育锻炼的程度都不高,没有超过50%,最高才达到44.45%,这与前面对自然条件的分析是吻合的,表明西北地区的气温并不适合人们进行体育锻炼。西北五省(区)气温适合体育锻炼的程度不同是它们之间的差异,相对而言,甘肃的气温最适合体育锻炼,陕西其次,新疆最不适合,这应该与甘肃、陕西靠近中部,新疆更靠近西北这样的地理位置有直接关系。

图8 新疆乌鲁木齐某小学位于丛林中的单杠

2. 日照

我国西北地区光照条件优越,不但在全国气候中高居首位,就是在全世界来说也是十分少见的。西北地区的日照时数总体来说比较丰富,呈现出从中部向两侧递减的规律。西北地区全年日照时数普遍在2500小时以上。西北地区中部,即新疆东部、青海北部及甘肃省的河西走廊这一区域,是我国日照时数最多,热量最丰富的区域,多年日照时数在3000小时以上,主要原因为这一地区海拔较高,气候干燥,降雨量稀少。日照时数相对较少的地区主要为陕甘南部秦巴山区,多年日照时数在2000~2500小时,这主要与秦巴山区气候湿润、降雨量较大有关。

图9　甘肃天水某中学师生在上体育课

图10　青海某中学部分体育场地和器材

3. 风

风(风速和风向)是自然环境中一个非常重要的因素,其对竞技体育产生的影响远远大于对学校体育的影响,风的速度大小和方向对众多体育项目的训练和比赛都有着密切联系。风可以影响运动成绩。顺风可能会帮助提高某些项目的成绩,因此国际田联规定:200米和200米以下距离的径赛、跳远和三级跳等项目,凡是在顺风平均风速超过2米/秒时所创造的成绩不予承认纪录,超过4米/秒时创造的全能运动单项成绩也不予承认。[①] 逆风则可能对运动成绩造成负面影响。受风影响的项目主要有田径类项目、帆船、滑翔伞、射箭、羽毛球、排球等。对于学校体育来讲,风主要会影响学生参加的体育活动项目。

中国气象局兰州干旱气象研究所、甘肃省干旱气候变化与减灾重点实验室、中国科学院寒区旱区环境与工程研究所的研究成果显示,近40年,西北大风天气可划分为较少区(年均大风天数小于10天)、较多区(年均大风天数为10~50天)、多发区(年均大风天数为50~100天)和频发区(年均大风天数大于100天)。其中西北地区大部分区域为大风较多区,占总站数的61.4%。大风频发区的分布最少,最频繁发生的地方在新疆西北部的阿拉山口,年平均大风日数超过160天,平均不到3天就有一次大风天气,而大风天数最少的地方是陕西北部的延安,平均每年发生大风天气的天数不到1天。大风天气的空间分布与地形有很大关系,两山之间的峡谷地带及高山和青藏高原极易出现大风天气。

从近年来的监测数据来看,西北多数地区近40年来大风呈减少趋势,其中新疆西北部、甘肃河西走廊西部和陕西东部等地区减少最为明显,大风增加的区域主要集中在新疆东北部到青海西部地区,其代表站年均大风日数从20世纪60年代到80年代中期以后增加了近3倍,达到190天。总体来讲,西北地区大风天气最多的季节是春季,以5月最多,其次是夏季,冬、秋季,特别是秋季,大风最少;陕西、甘肃中南部夏季大风较多,青海东南部则夏季大风最少,冬季大风更多一些。

---

① 翁锡全.体育·环境·健康[M].北京:人民体育出版社,2004:2.

4. 太阳辐射

太阳辐射给地球带来了能量,因太阳辐射地球表面不均匀且随着时间的变化而变化,不同的地区就有了气候差异和季节的交替现象。适量接受阳光中的红外线和紫外线辐射对人体是有益的,如适宜的紫外线辐射有助于心脏活动的加强,降低心脏收缩频率,激活心肌有氧和无氧代谢能力。但是如果过长时间或在过强烈的阳光下进行活动,就会对人体产生不良的影响,例如,紫外线会灼伤皮肤,红外线则可能对眼睛造成伤害;长时间处于日照下也会出现中暑、头部发晕等症状。

从表4中来看,在春、秋、冬三季,人体感觉紫外线强度适中,也比较适合锻炼,只有在夏季,西北各省(区)都感觉紫外线较强,不适合锻炼。日照丰富并且紫外线的强度仅夏季强烈,对西北地区学校体育的影响并不大。

表4 西北地区农村中小学体育组长对自己所在地区紫外线照射强度的主观判断统计表(N=386)

		陕西 (n=112)	甘肃 (n=123)	宁夏 (n=33)	新疆 (n=77)	青海 (n=41)
春天	非常弱、非常适合锻炼	4.83%	8.92%	4.46%	1.49%	1.86%
	比较弱、比较适合锻炼	8.55%	13.01%	3.72%	1.86%	3.72%
	一般、一般适合锻炼	10.04%	17.47%	2.60%	4.83%	4.09%
	比较强、不太适合锻炼	0.00%	2.60%	0.74%	1.86%	2.97%
	非常强、非常不适合锻炼	0.00%	0.37%	0.00%	0.00%	0.00%
夏天	非常弱、非常适合锻炼	1.11%	0.37%	0.00%	0.74%	1.11%
	比较弱、比较适合锻炼	1.11%	5.54%	0.74%	0.00%	0.00%
	一般、一般适合锻炼	4.80%	11.07%	4.43%	1.85%	2.58%
	比较强、不太适合锻炼	15.13%	21.03%	4.43%	4.43%	5.54%
	非常强、非常不适合锻炼	1.11%	5.54%	1.48%	2.58%	3.32%

续表

		陕西 (n=112)	甘肃 (n=123)	宁夏 (n=33)	新疆 (n=77)	青海 (n=41)
秋天	非常弱、非常适合锻炼	2.66%	3.80%	0.38%	0.38%	0.76%
	比较弱、比较适合锻炼	5.70%	12.17%	3.80%	3.04%	3.04%
	一般、一般适合锻炼	11.41%	18.25%	4.94%	2.66%	4.18%
	比较强、不太适合锻炼	3.04%	8.37%	2.28%	3.80%	4.18%
	非常强、非常不适合锻炼	0.38%	0.38%	0.00%	0.00%	0.38%
冬天	非常弱、非常适合锻炼	7.46%	9.70%	2.24%	1.87%	1.87%
	比较弱、比较适合锻炼	8.21%	15.67%	5.22%	1.49%	2.61%
	一般、一般适合锻炼	5.60%	10.45%	2.24%	4.10%	3.36%
	比较强、不太适合锻炼	2.24%	6.34%	1.49%	2.61%	3.36%
	非常强、非常不适合锻炼	0.00%	0.75%	0.00%	0.00%	1.12%

5. 降水和湿度

降水和湿度是气象、气候环境中相对应的要素。湿度是大气中水汽量多少的物理量。它是决定云、雾、降水等天气现象的重要因素。一般湿度是与气温共同发生作用的。研究表明,运动员在高温,相对湿度较低(气温低于湿度30%)的条件下运动,其呼吸道的防御功能降低,会感到咽喉干燥,甚至口腔和皮肤干裂,而且易导致运动创伤;运动员在高温高气湿(相对湿度达80%以上)时运动,身体的热蒸发受阻,出汗少,皮肤调节体温的功能失常,致使运动员烦躁、疲劳,进而产生热疾病。西北是一个降水量少,但蒸发量大,相对湿度较低的地区,在这五省(区)中,仅新疆西北部伊犁地区以及陕西、甘肃、青海三省南部地区相对湿度较大,能达到40%~50%,其余地区干燥多风,相对湿度仅为20%~30%。由于相对湿度较低,进行体育活动时,尤其是强度较大的活动,就会出现胸闷、气短等现象,需要我们在运动项目和强度上多加考虑。

(二)西北地区农村学校体育特殊自然环境分析

出于对绿化和污染的相关性考虑,我们把空气污染、噪声环境列为学校体育特殊自然环境的主要内容。

空气中的主要污染物有一氧化碳、甲醛、氮氧化物、二氧化硫等,这些污染物的主要来源有工业生产和生活燃料、石油和煤的燃烧中排放的硫氧化物和悬浮颗粒,有交通工具尾气中排放的碳氢化物,还有体育场馆设施建筑和装修材料中的醛类污染物。

声音来源于物体的振动。在比赛场上如果噪声过大或者出现针对自己的负面声音,会对运动员的情绪、心理,甚至生理产生消极的影响,使得运动员的运动能力下降,运动成绩出现异常。在学校体育中虽然不会出现竞技场上那样的赛场噪声,但是如果学校的操场临街,那么来往交通工具发出的鸣笛声,或者周围有大型工厂发出的生产噪声,也会使学生的体育活动时间、数量以及效果受到影响。长时间的噪声会使学生注意力不集中、精力分散,情绪也容易失控,不利于正常进行体育活动,也给管理带来一定的困难。如果长时间处在强度比较大的噪声环境中,则不仅影响师生的心理,甚至会对心血管系统和神经系统造成伤害,引起器官系统机能上的不良变化。学校的地理位置是我们不可改变的,但是如果我们可以控制和改善学校周围的环境,创造清洁适宜的环境,那么将会对学生的身体健康和学生参与体育活动的兴趣起到积极作用。

调查显示,西北地区农村环境污染的现象仍然存在,对环境造成污染的主要污染物如图11所示。陕西省的烟雾灰尘污染最严重,甘肃的有毒有害液体污染最严重,噪声污染严重的地区在陕西和新疆。

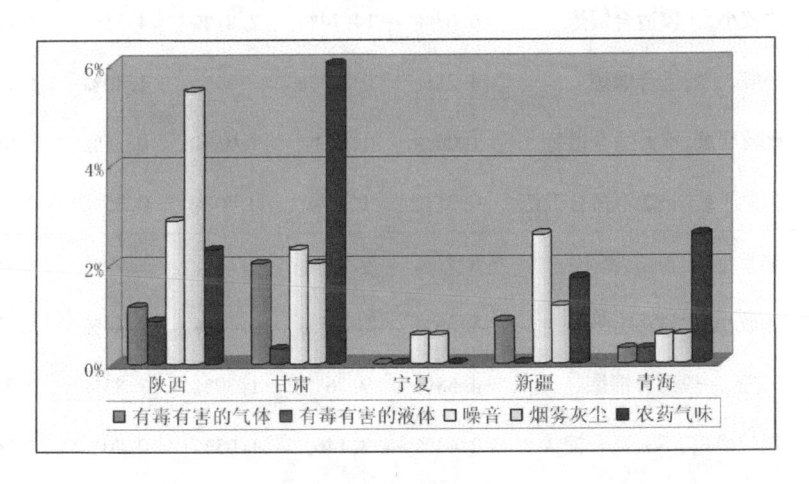

图11 西北地区农村学校附近存在的主要污染物

图12 甘肃嘉峪关某中学室外体育
场地上的钢丝缆绳

图13 新疆奎屯某高级中学体育
场地及周边村落烟雾

从表5中可以看出，西北地区农村中小学体育组长主观上认为各自所在学校附近的空气质量还是比较好的，在四季变化中空气受污染程度都比较小，比较适合进行体育锻炼。

表5 西北地区农村中小学体育组长对自己学校所在地区空气污染、适合锻炼程度的受污染程度的主观判断统计表（N=386）

		陕西 (n=112)	甘肃 (n=123)	宁夏 (n=33)	新疆 (n=77)	青海 (n=41)
春季受污染程度	非常小、非常适合锻炼	10.18%	16.49%	3.16%	3.51%	4.91%
	比较小、比较适合锻炼	6.67%	14.74%	2.81%	4.21%	4.21%
	一般、一般适合锻炼	4.21%	10.88%	3.51%	1.40%	1.75%
	比较严重、不太适合锻炼	1.05%	1.05%	1.05%	0.35%	1.05%
	非常严重、非常不适合锻炼	0.35%	1.40%	0.70%	0.35%	0.00%
夏季受污染程度	非常小、非常适合锻炼	6.27%	9.41%	3.14%	2.79%	4.18%
	比较小、比较适合锻炼	8.36%	21.25%	4.18%	2.44%	5.57%
	一般、一般适合锻炼	4.88%	9.76%	1.39%	3.83%	0.35%
	比较严重、不太适合锻炼	2.44%	3.14%	1.05%	0.70%	1.74%
	非常严重、非常不适合锻炼	0.35%	1.39%	1.39%	0.00%	0.00%

续表

		陕西 (n=112)	甘肃 (n=123)	宁夏 (n=33)	新疆 (n=77)	青海 (n=41)
秋季受污染程度	非常小、非常适合锻炼	8.30%	12.80%	4.15%	2.77%	4.15%
	比较小、比较适合锻炼	7.27%	19.38%	2.77%	3.46%	4.50%
	一般、一般适合锻炼	4.50%	11.42%	2.42%	3.11%	3.11%
	比较严重、不太适合锻炼	1.73%	1.38%	1.04%	0.35%	0.00%
	非常严重、非常不适合锻炼	0.35%	0.35%	0.69%	0.00%	0.00%
冬季受污染程度	非常小、非常适合锻炼	6.62%	11.85%	2.44%	2.09%	4.18%
	比较小、比较适合锻炼	8.01%	14.29%	4.88%	4.88%	3.83%
	一般、一般适合锻炼	3.48%	11.50%	1.05%	1.39%	1.39%
	比较严重、不太适合锻炼	3.14%	6.27%	1.74%	0.70%	2.09%
	非常严重、非常不适合锻炼	1.05%	1.74%	0.70%	0.35%	0.35%

(三) 西北地区农村学校体育自然环境对学校体育活动过程的影响

从理论上讲，少数民族聚居的地区有着浓郁的民族传统体育活动氛围，处于该地区的学校肯定会受这种氛围的影响，在体育活动、竞赛的内容、形式上表现出较多的民族特色。特殊的自然环境使西北地区成了多民族聚居之地，在辽阔、广袤的大地上分布着二十多个少数民族，要分析西北地区农村中小学体育活动情况，必须了解西北地区的少数民族及他们的传统体育。

1. 西北地区农村少数民族及传统体育项目情况分析

表6是西北五省(区)少数民族统计表，从中可以看出，少数民族种类最多的是新疆，有13种之多；其次是甘肃，有9种。虽然陕西省少数民族种类(5种)多于宁夏(4种)，但资料显示，陕西省少数民族人口比例仅为0.47%，而宁夏仅回族人口就占到了总人口的30%，因此，严格地讲，陕西的少数民族比例很小。

表6　西北五省(区)少数民族统计表

省份	主要少数民族名称	少数民种类(种)
陕西	回族、满族、蒙古族、壮族、藏族	5
甘肃	保安、裕固、东乡、回族、藏族、蒙古族、哈萨克族、土族、撒拉族	9
青海	满族、土族、撒拉族、藏族、回族	5
宁夏	回族、满族、蒙古族、东乡族	4
新疆	维吾尔族、哈萨克族、回族、蒙古族、柯尔克孜族、锡伯族、塔吉克族、乌孜别克族、满族、塔塔尔族、俄罗斯族、达斡尔族、藏族	13

一定的地域是一个民族长期繁衍生息的空间条件,土地是体育活动的主要场所,一个地方地形的起伏,地势的高低,直接影响到开展体育运动项目的种类和规模的大小;而气候因素则决定了体育运动项目举行的时间及选取工具的难易程度。民族传统体育的形成在很大程度上是受所处地域影响的,民族传统体育活动的内容和形式,从某个侧面也反映了这一地区的生产生活方式与社会风尚;西北地区特殊的自然环境也使得各少数民族在运动项目上具有鲜明的地域特点。如新疆是西北地区少数民族种类最多的自治区,它地域广袤,南北疆气候差异大,降水量低,日照丰富,各地区有不同的地理特征,受这些地理环境的影响,逐步形成了新疆多姿多彩的各具特色的民族传统体育项目。蒙古族主要生活在巴音郭楞蒙古自治州、新疆维吾尔自治区塔城地区和布克赛尔蒙古自治县,这里的传统体育项目以摔跤、赛马、叼羊为主,这些活动都需要在广袤空旷的环境中进行,所以当地的赛马场和摔跤房就是主要的运动场所。维吾尔族主要聚集在和田、喀什、阿克苏地区,以达瓦孜、秋千、斗鸡、沙哈尔地、民族式摔跤为当地的传统体育项目,这些项目需要在平坦、空旷的环境中进行,所以当地以秋千场和摔跤场为主要运动场所。这正体现了民族体育的地域性特征。新疆柯尔克孜族和甘肃裕固族的赛骆驼项目,主要源于之前当地的沙漠环境;西北各民族中都盛行着射箭和角力运动,也是在与自然抗争的过程中逐步形成的。可以看出,自然环境对少数民族传统体育的形成和延续发展起到了积极的推动作用。

因为共同的自然环境和条件,再加上一些少数民族之间存在聚居混居的现象,各少数民族之间不仅在文化和生活习俗方面存在着相互的影响和渗透,在传统体育项目的开展内容和形式上也有很多相似相通之处;居住在一起或者生活习性相似的一些少数民族便有着相同的传统体育项目;还有一些人口较少的少数民族甚至都没有自己的传统体育项目,所开展的体育活动便来自对其他民族体育项目的模仿和传承。

表7是西北地区各省(区)特色少数民族传统体育项目统计情况,可以看出,西北地区少数民族的传统体育项目以赛马、射箭、角力居多,其中以赛马和射箭最多,这主要是民族地区的地理环境和交通条件的限制,使得马成为了人们的生产工具和交通工具,在漫长的迁移过程中,赛马和各种马技活动就成了带给人们欢乐的一种体育方式了。射箭也是如此,最初是为了狩猎和防御敌人,在长时间的演变过程中就形成了现在以娱乐为主的民族传统体育项目。这反映了西北地区少数民族体育项目与本民族的生产、生活有着紧密的联系,而生产、生活又跟自然环境密切相关。

表7 西北地区各省(区)特色少数民族传统体育项目统计表

省份	民族	项目名称	项数
甘肃	东乡	皮筏赛	1
	维吾尔族	赛马赛骆驼、摔跤、射箭	3
	保安	赛马、保安刀(武术)	2
	撒拉族	拔腰	1
青海	土族	轮子秋、拉棍(拔河)	2
	满族	滑冰、骑射、跳马、摔跤	4
	藏族	赛马射箭、抱石头、赛牦牛、藏棋、古朵(石制链球)、登山、格吞(双人拔河)	7
宁夏	回族	武术、掼牛(将牛摔倒)、木球、方棋、拔腰、踏脚、驯鹰和射箭	8
	满族	滑冰、骑射、跳马、摔跤	4

续表

省份	民族	项目名称	项数
新疆	乌孜别克族	赛马、叼羊、摔跤	3
	俄罗斯族	击木	1
	蒙古族	摔跤、赛马、射箭、赛骆驼、布鲁（弯木投掷）	5
	达尔族	波依阔（曲棍球）、赛马、射箭、颈力比赛	4
	塔吉克族	叼羊、赛马、马球	3
	锡伯族	射箭	1
	塔塔尔族	赛马、摔跤、拔河	3
	哈萨克族	赛马、叼羊、姑娘追（赛马）、马上摔跤、穿麻袋摔跤、滑雪	6
	维吾尔族	达瓦孜（走绳）、沙哈尔地（空中转轮）、赛马叼羊、秋千、斗鸡、民族式摔跤	6
	柯尔克孜族	赛马赛骆驼、马上拾银、双人秋千	3

2. 西北地区农村少数民族传统体育项目在本地区以及学校的开展情况

虽然在自然环境的推动下，西北地区有着丰富的民族传统体育项目资源，但是调查却显示，少数民族传统体育项目在农村中小学的开展并不是很好。

图14是学生问卷中关于学校开展民族传统体育项目情况的调查结果，选择"不知道"和"一个也没有"的学生比例最高。虽然也有学校开展了民族传统体育项目，但比例并不高。图15是学校领导问卷中关于学校举办民族传统体育项目竞赛情况的统计结果，多数学校领导都坦诚地说没有举办过当地的民族传统项目竞赛，虽然陕西、甘肃、新疆、宁夏、青海的一些学校曾经举办过，但是所占比例较低。

从以上学生和领导的问卷中可以看到，西北地区虽然是一个少数民族聚居较多的地区，但是学校保留、传承的传统体育项目并不多。这一现象需要引起关注和重视。

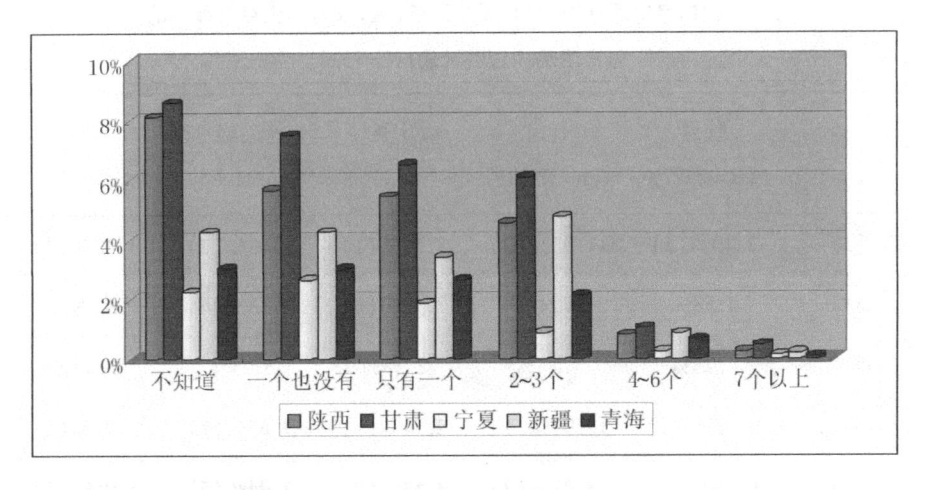

图14　西北地区农村学校开展民族传统体育项目情况

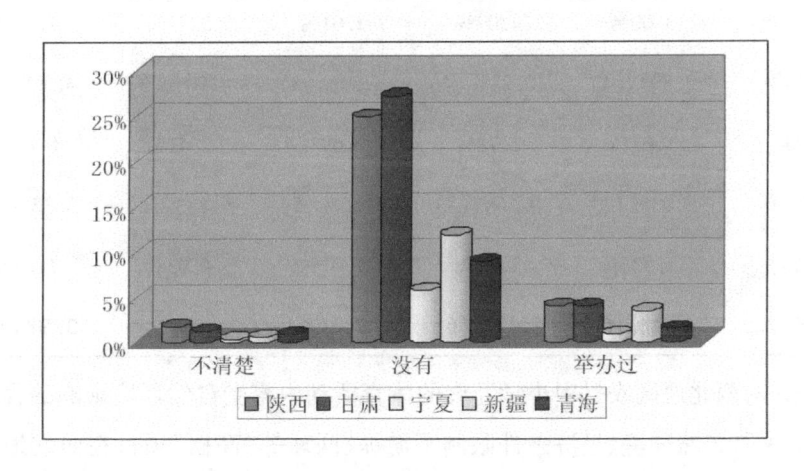

图15　西北地区农村学校举办民族传统体育项目竞赛情况

3. 西北地区农村中小学体育活动内容分析

表8是西北五省（区）农村中小学生在自由时间内经常参加的体育活动统计表，从表中的数据我们可以看出：

表8 校内自由活动时间内,西北五省(区)农村学生经常参加的
体育活动内容统计表(N=8338)

	陕西 (n=2377)	甘肃 (n=2583)	宁夏 (n=716)	新疆 (n=1684)	青海 (n=978)
篮球	7.40%(5)	11.93%(3)	3.58%(1)	8.60%(2)	4.18%(3)
足球	4.58%	6.24%	2.42%(6)	8.33%(4)	2.98%
排球	4.23%	7.34%	2.35%	5.79%	2.59%
乒乓球	10.03%(1)	14.08%(1)	2.94%(4)	9.65%(1)	3.93%(4)
沙包	9.20%(2)	13.81%(2)	3.53%(2)	7.94%(5)	5.05%(1)
脚斗士	3.00%	4.09%	1.01%	2.71%	1.64%
跳绳	7.89%(4)	10.28%(4)	3.39%(3)	8.50%(3)	4.69%(2)
踢毽子	1.07%	1.78%	0.69%	2.41%	0.86%
羽毛球	8.03%(3)	9.46%(5)	2.35%(5)	6.88%(6)	3.32%(6)
跳舞	1.73%	2.71%	1.01%	4.03%	1.63%
游戏	6.14%(6)	8.12%(6)	2.21%	4.92%	3.50%(5)

第一,西北地区农村中小学开展的体育活动内容受自然环境影响的程度并不大。尽管自然环境、经济条件限制了游泳、网球等"高档"项目在西北地区农村中小学的开展,但不论是在高原地区(陕西省北部、甘肃东部、宁夏),还是山地地区(陕西南部)或者盆地地区(青海、新疆),各省(区)农村中小学开展的体育项目都以篮球、乒乓球、沙包、跳绳为主,并没有因为地形、地貌的不同而有所不同。受风力影响较大的羽毛球、乒乓球等项目并没有因为西北地区的大风而降低受青睐程度。

图16　青海某校学生课余体育活动一角　　图17　陕西渭南某学校学生体育活动一角

第二，西北地区农村中小学开展的体育活动内容受民族传统体育项目的影响并不大。尽管西北地区有着较多的少数民族和丰富的民族传统体育资源，但学生在自由活动时间内开展的却是常见的普通的运动项目，没有民族特色。

图18　新疆喀什某中学参加体育活动的学生

图19　新疆喀什某中学参加体育活动的学生

综上所述，西北地区的自然环境比较差，无论是一般自然环境还是特殊自然环境，都不利于学校体育活动的开展。从西北地区内部来看，五省（区）的地理位置以及自然条件之间也存在较大差异，相对而言，甘肃、陕西比较适合学生从事体育活动，新疆最不适合，宁夏、青海居中。因自然环境以及民族聚居等原因产生的少数民族民间传统体育项目虽然比较丰富，但对学校体育的影响并不明显。

二、西北地区农村中小学体育社会环境现状

（一）西北地区农村中小学体育经济环境分析

《国家教委关于印发〈农村教育综合改革实验县贯彻《学校体育工作条例》和《学校卫生工作条例》的意见〉的通知》中提出："县、乡（镇）人民政府在安排年度学校教育经费时，应当安排一定数额的体育卫生经费；县、乡（镇）教育行政部门和学校应把体育卫生经费列为专项经费，保证用于学校体育卫生工作。县体育部门在经费上应当尽可能对学校体育工作给予支持。"

《中华人民共和国体育法》第四十条规定："县级以上各级人民政府应当将体育事业经费、体育基本建设资金列入本级财政预算和基本建设投资计划，并随着国民经济的发展逐步增加对体育事业的投入。"第四十一条规定："国家鼓励企业事业组织和社会团体自筹资金发展体育事业，鼓励组织和个人对体育事业的捐赠和赞助。"第四十二条规定："国家有关部门应当加强对体育资金的管理，任何组织和个人不得挪用、克扣体育资金。"

《学校体育工作条例》第二十二条规定："各级教育行政部门和学校应当根据学校体育工作的实际需要，把学校体育经费纳入核定的年度教育经费预算内，予以妥善安排。地方各级人民政府在安排年度学校教育经费时，应当安排一定数额的体育经费，以保证学校体育工作的开展。国家和地方各级教育行政部门在经费上应当尽可能对学校体育工作给予支持。国家鼓励各种社会力量以及个人自愿捐资支援学校体育工作。"

学校体育经济环境可以分为宏观、中观、微观三个层面，其中宏观层面包括

国家经济发展水平、国家教育经费投入情况、国家体育经费投入情况;中观层面包括地区经济发展程度、学校教育经费投入;微观层面是指学校体育经费情况、学生家庭收入及开支。这些要素从宏观到微观越来越具体地影响着学校体育事业的发展。

1. 宏观经济环境

通常,一个地区的经济发展水平越高,政府和社会投向教育的经费就越多,反之亦然。因此,教育经费水平与地区经济发展水平成正比关系。一定区域的教育经费水平取决于并反映出该区域的经济发展水平。

国内生产总值(GDP)是指在一定时期内,一个国家或地区的经济中所生产出的全部最终产品和劳务的价值,是衡量国家经济状况的一种指标,对反映国家的经济发展状态、国民收入和消费能力的情况起着不可代替的作用。因此,我们首先通过国家对教育经费的投入以及其占国内生产总值的比例来观察西北地区学校体育的宏观经济环境

表9 2006—2010年我国教育经费与国内生产总值比例表

年度	国家财政性教育经费（亿元）	国内生产总值（亿元）	教育经费投入所占GDP比例(%)
2006	6348.3	211860.8	3.01
2007	8280.2	265810.3	3.15
2008	10449.6	314045.4	3.40
2009	12231.1	340902.8	3.59
2010	14670.1	401512.8	3.65

资料来源:中国统计年鉴(2012)

从表9可以看出,近年来我国经济发展速度很快,而国家财政性教育经费及其在GDP中所占比例也在随着经济的发展持续增长,这表明国家对教育事业的重视和支持程度越来越高。但同时,我们也应看到一个客观事实:尽管我国教育经费及其在GDP中所占比例在不断增加,甚至2010年已经达到3.65%,但依然远远低于20世纪后期的世界平均水平(见表10)。

表10 1980—1996年世界公共教育经费占国内生产总值（GDP）的百分比

类别	比例
世界平均	4.0%~4.8%
低收入国家平均	3.2%~3.9%
中等收入国家平均	4.0%~5.1%
中下收入国家平均	4.2%~5.3%
中上收入国家平均	4.0%~5.0%
东亚与太平洋地区	2.5%~2.3%
欧洲与中亚地区	5.4%
拉丁美洲与加勒比海地区	3.8%~3.7%
中东与北美地区	5.0%~5.3%
南亚地区	2.0%~3.0%
撒哈拉以南非洲	4.1%~4.3%
高收入国家平均	5.4%~5.6%

资料来源：任运昌,林健,谷生华,等.他们输在起跑线上[M].重庆：重庆出版社,2005:2.

与发达国家比较,我国教育投入比的差距十分明显（见表11）。以美国为例,在1980年至1996年间,该国政府教育经费投入占国内生产总值的比例最高达6.7%,最低也占4.9%。与经济并不发达的非洲国家比较,我国教育投入比也有很大差距。埃及教育经费占国内生产总值的比例最高达6.1%,最低也没有低于4%；南非政府教育投入国内生产总值甚至高达7.9%。

表11 政府教育投入占国内生产总值的比例(%)

年度	北美			大洋洲		非洲	
	美国	加拿大	墨西哥	澳大利亚	新西兰	埃及	南非
1980	6.70	6.90	4.70	5.50	5.80	—	—
1981	6.40	7.00	5.20	5.50	5.50	5.70	—
1982	6.60	7.40	5.40	5.80	5.40	6.10	—
1983	6.60	7.20	3.80	5.70	5.00	5.80	—

续表

	北美			大洋洲		非洲	
年度	美国	加拿大	墨西哥	澳大利亚	新西兰	埃及	南非
1984	6.50	6.80	4.10	5.60	4.70	6.00	—
1985	4.90	6.60	3.90	5.50	4.70	6.30	—
1986	6.80	6.90	3.80	5.40	5.00	5.80	6.00
1987	5.00	6.70	3.50	5.10	5.40	4.70	6.10
1988	5.10	6.60	3.20	4.90	5.80	4.60	5.60
1989	5.20	6.50	3.00	5.10	7.90	5.30	5.90
1990	5.30	6.80	3.70	5.40	6.60	4.00	6.50
1991	—	7.40	3.90	5.50	7.40	4.30	—
1992	5.40	7.60	4.40	6.00	7.40	4.30	7.00
1993	5.30	7.30	5.10	5.80	7.00	4.60	7.00
1994	5.40	7.00	4.70	5.60	6.90	4.60	7.30
1995	—	—	4.90	—	—	4.80	6.80
1996	—	—	—	—	7.30	—	7.90

资料来源：任运昌，林健，谷生华，等.他们输在起跑线上[M].重庆：重庆出版社，2005：2.

非洲的贫穷闻名于世，但三分之二非洲国家的教育经费超过国内生产总值的4%，而我国的教育经费投入占比还不如非洲。这些数据在一定程度上反映了我国教育投入的某些真实性。

我国人口多，学生多，学校规模又大，有限的教育经费平均到每个学生身上自然是少之又少的了。据统计，我国20世90年代中期受学校教育的人口有2.3亿，约占世界受学校教育人口的1/4，而教育经费仅占世界的2%，我国人均教育经费为10美元，而世界人均教育经费为220美元，我国生均经费50美元，而世界平均1200美元，两者相差了24倍。

一个地区学校体育教育的发展会受到本地区体育发展的影响，体育的发展速度与规模也受到地区经济发展水平的限制。进入21世纪，我国体育发展随着经济的发展而发展,国家体育财政拨款也随着经济发展水平的提高而逐年增加。特别是2001年7月13日我国成功取得2008年第二十九届奥运会举办权后,2002年至2008年,国家每年体育财政拨款都大幅度增加。

表12　2001—2008年中国国家体育财政拨款及占国内生产总值比例

年度	国家体育财政拨款（亿元）	国内生产总值（亿元）	占GDP比例
2001	—	109602.43	—
2002	—	120298.99	—
2003	—	135853.27	—
2004	—	159906.81	—
2005	116.77	183173.13	0.064%
2006	106.83	211860.83	0.050%
2007	—	257201.29	—
2008	248.30	300748.16	0.083%

资料来源:中国统计年鉴(2012)

我国以举办2008年奥运会为核心,持续加大政府对体育事业的财政拨款。2005年、2006年和2008年国家财政拨款分别为:116.77亿元、106.83亿元和248.30亿元,2008年比2005年和2006年增加了一倍多。但是,从当年体育财政拨款占当年国内生产总值的比例来看,还是比较小(不足0.1%)。而世界发达国家,尤其是欧洲国家政府体育财政拨款占当年国内生产总值的比例最高者达到了0.61%(见表13)。

表13　欧洲国家政府体育财政拨款及占当年国内生产总值的比例(1990年)

国家	体育财政拨款(亿美元)	占国内生产总值的比例(%)
德国	58.88	0.35
英国	26.19	0.24
法国	26.68	0.42
意大利	24.88	0.20

续表

国家	体育财政拨款（亿美元）	占国内生产总值的比例（%）
西班牙	13.02	0.23
瑞士	5.02	0.20
瑞典	4.73	0.18
芬兰	5.09	0.33
葡萄牙	4.15	0.61
丹麦	3.27	0.22
匈牙利	0.88	0.28

资料来源：中国群众体育现状调查课题组.中国群众体育现状调查与研究(1996)[M].北京：北京体育大学出版社,1998:12.

上面的分析说明,西北地区乃至全国学校体育的宏观经济环境不够优越,与发达国家相比尚有巨大差距。

2. 中观经济环境

经济发展水平的不同,使得我国不同地区教育和体育发展也极不平衡。

表14　2007—2011年全国与西北五省(区)国内生产总值统计表（单位：亿元）

年度	全国	西部地区	陕西	甘肃	青海	宁夏	新疆
2007	265810.3	47864.1	5757.29	2702.40	797.35	919.11	3523.16
2008	314045.4	58256.6	7314.58	3166.82	1018.62	1203.92	4183.21
2009	340902.8	66973.5	8169.80	3387.56	1081.27	1353.31	4277.05
2010	401512.8	81408.5	10123.48	4120.75	1350.43	1689.65	5437.47
2011	472881.6	100235.0	12512.30	5020.37	1670.44	2102.21	6610.05

数据来源：中国统计年鉴(2012)

表14中的数据显示,近年来西北五省(区)的经济与全国经济在同步快速发展。经济的发展为教育、体育的发展提供了一定的保障,教育经费占财政收入的比例,在一定程度上反映了政府对教育的投资力度。

表15 2008年部分省区市预算内教育经费占财政支出的比例

省区市	预算内教育经费拨款(亿元)	占财政支出比例(%)
北京	381.28	19.46
上海	358.86	13.83
山东	555.84	20.55
河南	496.01	21.74
四川	476.45	16.16
陕西	264.58	18.52
甘肃	194.23	20.06
青海	54.48	14.98
宁夏	56.65	17.45
新疆	210.44	19.86

资料来源:中国统计年鉴(2009)

表16 2006年部分省区市政府财政拨款占教育经费的比例

省区市	教育经费(亿元)	政府财政拨款(亿元)	财政拨款占经费比例(%)
北京	522.72	335.75	64.23
上海	422.95	275.06	65.03
陕西	233.15	127.61	54.73
甘肃	119.50	84.75	70.92
青海	28.73	24.65	85.80
宁夏	36.35	27.72	76.26
新疆	152.72	107.26	70.23

资料来源:中国统计年鉴(2007)

表16、17分别是部分省区市预算内教育经费拨款占财政支出的比例和政府财政拨款占教育经费的比例。尽管表16中的数据表明西北五省(区)教育经费拨款占财政支出的比例与全国并没有多大差异,但表16、17却均显示出西北

五省(区)之间以及与国内其他省市之间在教育经费上的巨大差异:首先,在预算内教育经费拨款、教育经费和政府财政拨款的绝对数值上,西北五省(区)之间差异显著,且均远远低于国内其他省市,居于西北之首的陕西省教育经费和政府财政拨款的数值尚不及北京的一半,经费最低的青海省两项数值均不到北京的十五分之一。其次,教育经费中,政府财政拨款的比例也有较大差异,比例较小的陕西只有54.73%,比例最高的青海省高达85.80%,相差30多个百分点,其余西北三省(区)也都在70%以上。政府拨款所占比例偏高,说明西北地区的教育经费主要依赖于政府财政投入,从其他渠道获得的教育经费较少。

生均教育事业费是衡量一个地区教育经费投入水平的重要指标,也是衡量一个地区学校体育经济环境的重要指标。目前我国西北五省(区)中小学生均教育事业费都远远低于东部发达地区。以2008年为例,上海的小学、初中和高中生均预算内教育经费均居全国首位,分别为13016.1元、15473.6元和14964.9元,而西北五省(区)中,陕西除了小学略高于全国平均水平外,初中、高中均低于全国平均水平;甘肃小、初、高中生均预算内教育经费均远远低于全国平均水平;仅有青海、宁夏和新疆的小学、初中和高中生均预算内教育经费高于全国平均水平。生均教育经费偏低,用于学校体育的经费就更是少之又少了。

表17 2008年部分省区市义务教育预算内教育事业费比较

	普通小学生均预算内教育事业费(元)	普通初中生均预算内教育事业费(元)	普通高中生均预算内教育事业费(元)
全国	2757.53	3543.25	3208.84
北京	10111.51	13224.8	13870.4
上海	13016.1	15473.6	14964.9
山东	2908.50	4389.46	1857.39
河南	1640.03	2436.20	1880.71
四川	2230.71	2690.64	2055.55
陕西	3072.04	3402.69	2593.25
甘肃	2476.17	3093.11	2754.14

	普通小学生均预算内教育事业费(元)	普通初中生均预算内教育事业费(元)	普通高中生均预算内教育事业费(元)
青海	3395.54	4052.02	3976.48
宁夏	2956.19	4415.22	4848.88
新疆	3652.78	4577.56	4366.14

资料来源：中国统计年鉴(2009)

3. 微观经济环境

表18 1990—2011年我国及各地区农村居民家庭人均年纯收入统计表(单位:元)

	1990年	1995年	2000年	2005年	2009年	2010年	2011年
全国	686.31	1577.74	2253.42	3254.93	5153.17	5919.01	6977.29
北京	1297.05	3223.65	4604.55	7346.26	11668.59	13262.29	14735.68
上海	1907.32	4245.61	5596.37	8247.77	12482.94	13977.96	16053.79
陕西	530.80	962.89	1443.86	2052.63	3437.55	4104.98	5027.87
甘肃	430.98	880.34	1428.68	1979.88	2980.10	3424.65	3909.37
青海	559.78	1029.77	1490.49	2151.46	3346.15	3862.68	4608.46
宁夏	578.13	998.75	1724.30	2508.89	4048.33	4674.89	5409.95
新疆	683.47	1136.45	1618.08	2482.15	3883.10	4642.67	5442.15

资料来源：中国统计年鉴(2012)

表18的数据显示，尽管西北五省(区)农村居民年均纯收入从1990年至2011年翻了有八九倍，但具体数值均明显低于全国平均水平，与上海、北京等发达地区城市相比，差距尤为突出和明显。以2011年数据为例，西北五省(区)中水平最高的宁夏为5409.95元，最低的甘肃为3909.37元，分别仅是上海16053.79元的三分之一和四分之一。

居民收入水平不仅决定了消费水平，也决定了消费的结构。恩格尔系数是食品支出总额占个人消费支出总额的比重。19世纪德国统计学家恩格尔根据统计资料，对消费结构的变化得出一个结论：一个家庭收入越少，家庭收入中

(或总支出中)用来购买食物的支出所占的比例就越大,随着家庭收入的增加,家庭收入中(或总支出中)用来购买食物的支出比例则会下降。一个国家越穷,居民家庭恩格尔系数越大,随着国家的富裕,恩格尔系数将呈下降趋势。

从表19中可以看出,1990年至2011年,我国城镇、农村居民家庭恩格尔系数都在不断下降,这表明居民收入在逐步提高,这与前面的数据也是一致的。但也可以发现,城乡居民家庭恩格尔系数之间存在较大差距,这种差距表明农村居民贫困程度高于城镇。随着时间的推移,城乡居民家庭恩格尔系数之间的差距在逐渐缩小。

表19　1990—2011年全国城镇、农村居民消费支出统计表

		1990年	2000年	2010年	2011年
城镇居民人均消费支出(元)		1279	4998	13471	15161
农村居民人均生活消费支出(元)		585	1670	4382	5221
居民家庭恩格尔系数(%)	城镇	54.2	39.4	35.7	36.3
	农村	58.8	49.1	41.1	40.4

资料来源:中国统计年鉴(2012)

表20、21分别是2006年、2011年全国及部分省市农村居民人均消费支出总额、人均食品消费总额以及文教娱乐支出统计表,从2006年的数据可以看出,西北五省(区)的人均消费支出总额、人均食品消费总额、文教娱乐支出总额三项均远远低于全国平均水平,且五省(区)之间的差异比较显著;与全国比较,西北地区特别是青海和甘肃的恩格尔系数较高。

从表21可以看出,和2006年相比,西北五省(区)2011年在人均消费支出总额、人均食品消费总额、文教娱乐支出总额均有不同幅度提升,但除了陕西稍高于全国平均线之外,其他省(区)仍远远落后于全国平均水平。西北五省(区)之间的差异,尤其是文教娱乐支出方面的差异较大。各省(区)恩格尔系数和文教娱乐支出比例均低于2006年数值。恩格尔系数下降说明西北地区农村居民在逐渐富裕,但文教娱乐支出比例下降却说明西北五省(区)农村居民在逐渐富裕的同时降低了对教育娱乐等方面的投入,对于教育事业来讲,这并不是一个好的现象。

表20　2006年全国及部分省区农村人均消费支出中食品和文教娱乐支出比例统计表

	人均消费支出总额(元)	人均食品消费总额(元)	恩格尔系数(%)	文教娱乐支出总额(元)	文教娱乐支出比例(%)
全国	2829.02	1216.99	43.0	305.13	10.8
北京	5724.50	1878.95	32.8	844.08	14.8
上海	8006.00	3023.53	37.8	919.94	11.5
陕西	2181.00	850.20	39.0	296.07	13.6
甘肃	1855.49	865.99	46.7	228.43	12.3
青海	2178.95	938.50	43.1	118.66	5.5
宁夏	2246.97	929.15	41.4	168.85	7.5
新疆	2032.36	810.74	39.9	157.00	7.7

资料来源：中国统计年鉴(2007)

表21　2011年全国及部分省区农村人均消费支出中食品和文教娱乐支出比例统计表

	人均消费支出总额(元)	人均食品消费总额(元)	恩格尔系数(%)	文教娱乐支出总额(元)	文教娱乐支出比例(%)
全国	5221.13	2107.34	40.4	396.36	7.6
北京	11077.66	3593.48	32.4	1003.67	9.1
上海	11049.32	4517.16	40.9	916.07	8.3
陕西	4491.71	1344.99	29.9	405.56	9.0
甘肃	3664.91	1548.19	42.2	292.71	8.0
青海	4536.81	1716.39	37.8	265.43	5.9
宁夏	4726.64	1762.53	37.3	324.36	6.9
新疆	4397.82	1589.46	36.1	229.66	5.2

资料来源：中国统计年鉴(2012)

从上面的分析可以看出，尽管西北五省(区)农村人均收入、支出越来越高，但依然远低于全国水平，且恩格尔系数依然偏高，说明我国西北部广大农村地区较为贫困。居民用于食品支出的比例过大，肯定会对教育的投入产生影响。

因此，贫困仍然可能是影响西北地区教育投入的重要因素。

学校体育经费既是反映一个地区经济发展水平的重要指标，同时也是反映一个学校教育经费和学校领导对体育的重视程度的重要指标。目前，我国农村中小学体育经费筹措艰难、经费短缺的问题依然严重。

2008 年的调查数据显示，西北五省（区）农村中小学中有高达 68.9% 的被调查学校没有体育经费；有体育经费的学校，其投入金额从 100 元到 35000 元不等，差距巨大。表 22 是 2006 至 2008 年三年间西北五省（区）农村部分中小学体育经费的投入统计表，从数据来看，尽管西北五省（区）农村中小学体育经费、生均体育经费都在逐年增加，但不同学段的体育经费情况却有着显著差异：随着学段的升高，学校的体育经费在增加，而生均体育经费却在下降。

表 22　体育组长问卷中关于"西北五省（区）农村中小学体育经费情况"统计表（N=386）

	2006 年			2007 年			2008 年		
	A	B	C	A	B	C	A	B	C
小学	8.3%	624.1	20.4	12.8%	1332.9	21.1	8.6%	1068.1	26.56
初中	12.9%	2135.4	10.68	7.8%	2078.6	10.9	6.4%	1339.8	11.32
高中	30.5%	3188.9	1.33	22.8%	3172.2	1.28	31.3%	4350	1.22

注：A 代表"体育经费占教育经费比例"，B 代表"体育经费（元）"，C 代表"生均体育经费（元）"。

从整体上来看，西北五省（区）农村中小学体育经费比较少，这对学校体育的发展有着很大的制约。以陕西省三原县为例，三原县号称关中的"白菜心"，属于陕西省较发达地区，也属于陕西省教育强县之一。我们于 2008 年 10 月对三原县某标准化高中、初中和小学分别进行了实地走访调查。小学、初中属于九年制义务教育，其经费依靠国家财政拨款，平均每位学生的教育经费为每年 500 元，其每年投入体育的经费是 10000 元，我们按照小学 500 人，初中 600 人计算，则生均体育经费为 20 元左右。而标准化高中，国家财政拨款仅满足人头费，学校教育经费来源于学生的学杂费，若按照每位学生每年平均经费 200 元，共容纳学生 5000 人计算，则每年约有 100 万元教育经费，而每年用于学生体育活动方面的经费仅有 2 万元左右，生均体育经费为 4 元，学生体育经费占学校教育经费的1%~3%。陕西是西北五省(区)之首,而三原又是陕西教育强县,体育经费状况尚且如此,西北其他省市、地区农村中小学体育经费情况就可想而知了。在实地调查中我们发现,在陕西的北部地区,甘肃、宁夏和青海等地区,一些农村中小学连最基本的教学设施和生活设施都没有,更谈不上体育设施和经费了。

概括上述系列数据分析,可以看出,我国以及西北地区教育投入区域差异明显。投入总量不足仍然是制约西北地区农村中小学体育教育发展的主要原因。造成西北地区农村中小学教育投入不足的最根本原因是目前的教育投资体制不够公平和完善。

图20 甘肃天水某小学教室

图21 甘肃天水某小学教室 图22 青海某小学教室内景

（二）西北地区农村中小学体育设施环境分析

为了保障农村中小学体育工作的顺利进行，国家对体育场地、器材的配备也有严格的规定。《国家教委关于印发〈农村教育综合改革实验县贯彻《学校体育工作条例》和《学校卫生工作条例》的意见〉的通知》中指出："各学校要按照国家或地方颁布的中小学体育器材设施、卫生室器械与设备配备标准的要求，配备相应的器材、器械和设备，并充分发挥其使用效率。继续发扬艰苦奋斗的精神，大力提倡自力更生，就地取材，自制体育器材，修建运动场地。自制体育器材设施要坚固耐用，安全可靠。学校应当制定体育场地、器材、设备的管理维修制度，并由专人负责管理。"

《学校体育工作条例》第二十条规定："学校的上级主管部门和学校应当按照国家或者地方制订的各类学校体育场地、器材、设备标准，有计划地逐步配齐。学校体育器材应当纳入教学仪器供应计划。新建、改建学校必须按照有关场地、器材的规定进行规划、设计和建设。在学校比较密集的城镇地区，逐步建立中、小学体育活动中心，并纳入城市建设规划。社会的体育场（馆）和体育设施应当安排一定时间免费向学生开放。"第二十一条规定："学校应当制定体育场地、器材、设备的管理维修制度，并由专人负责管理。任何单位或者个人不得侵占、破坏学校体育场地或者破坏体育器材、设备。"

《农村体育工作暂行规定》第十六条规定："县、乡镇、居委会应当为儿童青少年开辟校外体育活动场所，建设儿童青少年体育活动中心或体育俱乐部，丰富学生校外生活。"2002年7月，教育部印发了《中学体育器材设施配备目录》《小学体育器材设施配备目录》。2008年教育部、卫生部、财政部三部委联合制定颁布了《国家学校体育卫生条件试行基本标准》（其后简称《标准》），该《标准》在体育教师、体育场地器材等方面明确了开展学校体育卫生工作必不可少的条件，是国家对开展学校体育卫生工作的最基本要求，是中小学校办学应达到的最基本标准，是教育检查、督导和评估的重要内容。本研究以上述法规、条例、目录，以及标准为依据，对西北地区农村中小学体育场地、器材设施的规划、数量、管理等方面进行了调查分析。

1. 西北地区农村中小学体育场地、器材设施的规划布置情况

西北地区农村中小学在城乡规划建设中的位置显示,有59.5%的学校位于本乡镇的中心,周围或紧密或零散地都有村庄分布;有65.5%的学校与城镇等较为繁华地区的距离在30千米以内,而且交通便利。大多数学校的位置比较有利于学生在课余或者节假日利用学校周围的体育场地、器材设施进行体育锻炼。但是需要注意的是,西北五省(区)农村33.2%的中小学附近有污染现象存在。从表23中对学校周围污染源的统计来看,有34.11%的空气污染是附近农民农田、果园经常用农药杀虫灭害,空气中有浓郁的农药气味造成的;26.36%的空气污染是农耕、农收时村庄农民焚烧麦秸,烟雾灰尘造成的;24.03%的噪声污染来源于学校附近的厂矿(或农贸市场等)的生产经营活动;还有11.63%的污染是附近有电场(或煤厂、矿区、造纸厂、石灰厂等)经常排放有毒有害的气体而造成的。从类别来看,污染包括了空气污染、水污染、噪声污染;从污染源来看,具有鲜明的乡村特点(农药气味、焚烧麦秸、造纸厂、石灰厂)。学校周围这些污染的存在,不光影响学生的锻炼兴趣,也会影响学生的身心健康,应该引起我们的高度关注。

图23　青海省某学校贯穿体育场地的供电设施

图24　新疆喀什某中学校园周边的烟囱

表23　学校领导问卷中关于西北五省(区)农村中小学周围污染源统计表(N=348)

污染源	百分比
附近有电场(或煤厂、矿区、造纸厂、石灰厂等)经常排放有毒有害的气体	11.63%
附近有电场(或煤厂、矿区、造纸厂、石灰厂等)经常排放有毒有害的液体	3.88%
学校附近的厂矿(或农贸市场等)的生产经营活动,经常发出巨大的噪声	24.03%
农耕、农收时间村庄农民焚烧麦秸,会有很大的烟雾灰尘	26.36%
农田、果园经常用农药杀虫灭害,空气中有浓郁的农药气味	34.11%

图25　浓雾笼罩下的学校体育活动场所　　图26　甘肃某学校周边的加油站

学校体育场地、器材设施的色彩、建筑风格、周围绿化以及在学校建筑群中的规划布局情况都影响着师生参加体育活动的情绪和过程。调查中,师生一致认为,规划布局合理、适度采光、避免污染等因素对于学校体育场馆的建设来说非常重要。从表24中可以看出,多半的学生对自己学校体育场地、器材设施的布局、色彩以及绿化情况还是比较满意的。

表24　学生对学校体育场地、器材设施的规划布局、色彩、绿化的评价统计表(N=8338)

	很不赞同	不太赞同	说不清楚	比较赞同	非常赞同
学校场地、器材设备的颜色搭配非常醒目、舒适	14.3%	14.5%	16.6%	27.4%	25.1%
学校体育场地周围绿化很好	12.3%	13.8%	14.5%	24.3%	32.3%
体育场地整体布局很合理、很协调	11.3%	13.3%	15.9%	27.4%	30.2%

图27　陕西渭南某中学篮球场地和篮架 　　图28　甘肃张掖某中学部分体育场地器材

图29　甘肃嘉峪关某中学健身室及部分器材

图30　新疆喀什某小学部分体育场地和器材 　　图31　青海省某中学部分体育场地和器材

2. 西北地区农村中小学体育场地、器材设施的类别、数量

《标准》中要求中小学必须配备的体育场地包括田径场、篮球场、排球场、器械体操和游戏区四大类,器材设施共有 39 项(以中学最大规模 13 个班以上来计算)。从我们的调查结果来看,体育场地中的"器械体操和游戏区"、器材设施中的"肺活量测试仪""软式排球"等在西北地区农村中小学中的配备为零,从这一点上来讲,西北地区农村体育场地、器材设施的配备完全达标的中小学几乎没有。

图 32　甘肃张掖某小学部分体育场地及周边环境

图 33　新疆喀什某小学部分体育场地和器材

图34　青海省某初级中学部分体育场地器材

从具体类别来看,西北五省(区)农村中小学现有体育场地包括室外400米(环形)土田径场、室外300米(环形)土田径场、室外200米(环形)土田径场、室外篮球场、室外排球场、室外羽毛球场、室外小足球场、室外乒乓球场、室外标准足球场。这些场地多为室外,造价比较便宜。场地中单项达到《标准》要求的比例很低:达标率排名第一的是室外篮球场(达标率为21.659%),第二位是室外乒乓球场(达标率为18.894%),其余均在10%以下。小学体育场地达标情况与中学相近。

图35　甘肃张掖某中学部分体育器材

图36 青海省某中心学校体育器材室一角　　图37 陕西汉中某中学体育器材室一角

西北五省(区)农村中小学体育器材设施的配备略好于体育场地的配备,但各校现有的体育器材的达标率都很低(见表25、26)。中学达标率最高的是短跳绳,达标率仅为27.189%,小沙包达标率第二,为26.728%,小篮球架达标率为25.806%,位列第三,排在第四名的是铅球,达标率为24.885%,秒表达标率为23.5%,排在第五,篮球和发令枪并列第六(达标率为22.120%)。小学体育器材设施配备除了项目个数上少于中学之外,各项目达标率也低于中学,排名第一的也是短跳绳(28.022%),其后依次是秒表(23.077%)、毽子(23.077%)、小篮球架(21.978%)、篮球(19.780%)、篮球架(19.231%)。结合表8数据来看,我们认为,西北五省(区)农村中小学生在自由活动时间经常参加的体育活动内容与学校现有体育场地、器材设施的配备有直接关系,学校有什么场地、器材设备,学生就参加什么活动项目。

表25　体育组长问卷中关于西北五省(区)农村中学体育器材设施统计表

器材名称	配备了该项目的学校数	达标百分率(%)	器材名称	配备了该项目的学校数	达标百分率(%)	器材名称	配备了该项目的学校数	达标百分率(%)
接力棒	39	17.972	小栏架	0	0	钻圈架	0	0
跨栏架	31	14.286	发令枪	48	22.120	标志杆(筒)	2	0.922
秒表	51	23.50	跳高架	37	17.051	跳高横竿	12	5.530

续表

器材名称	配备了该项目的学校数	达标百分率（%）	器材名称	配备了该项目的学校数	达标百分率（%）	器材名称	配备了该项目的学校数	达标百分率（%）
跳箱	19	8.756	山羊	38	17.512	助跳板	7	3.226
小沙包	58	26.728	垒球	9	4.147	铅球	54	24.885
实心球	18	8.295	投掷靶	0	0	皮尺	39	17.972
小体操垫	9	4.147	大体操垫	8	3.687	高单杠	29	13.364
低单杠	48	22.120	高双杠	27	12.442	低双杠	31	14.286
爬绳	0	0	爬竿	0	0	棍	0	0
剑(刀)	0	0	平梯	9	4.147	肋木架	0	0
短跳绳	59	27.189	毽子	47	21.659	拔河绳	38	17.512
长跳绳	41	18.894	小篮球架	56	25.806	小篮球	36	16.590
篮球架	42	19.355	篮球	48	22.120	足球	40	18.433
小足球	29	13.364	小足球门	21	9.677	软式排球	0	0
排球架	21	9.677	足球门	17	7.834	乒乓球拍	31	14.286
乒乓球台	32	14.747	羽毛球拍	27	12.442	板羽球拍	0	0
羽毛球网架	27	12.442	乒乓球架	24	11.060	羽毛球	32	14.747
板羽球	0	0	乒乓球	37	17.051	录音机	21	9.677
肺活量测试仪	0	0						

表26 体育组长问卷中关于西北五省(区)农村小学体育器材设施统计表

器材名称	配备了该项目的学校数	达标百分率(%)	器材名称	配备了该项目的学校数	达标百分率(%)	器材名称	配备了该项目的学校数	达标百分率(%)
接力棒	23	13.637	小栏架	0	0	钻圈架	0	0
跨栏架	21	11.538	发令枪	25	13.736	标志杆(筒)	0	0
秒表	42	23.077	跳高架	8	4.396	跳高横竿	6	3.297
跳箱	10	5.495	山羊	28	15.385	助跳板	5	2.747
小沙包	28	15.385	垒球	0	0	铅球	18	9.890
实心球	18	9.890	投掷靶	0	0	皮尺	24	13.187
小体操垫	2	1.099	大体操垫	0	0	高单杠	2	1.099
低单杠	21	11.538	高双杠	6	3.297	低双杠	8	4.396
爬绳	0	0	爬竿	0	0	棍	0	0
剑(刀)	0	0	平梯	0	0	肋木架	0	0
短跳绳	51	28.022	毽子	42	23.077	拔河绳	31	17.033
长跳绳	29	15.934	小篮球架	40	21.978	小篮球	18	9.890
篮球架	35	19.231	篮球	36	19.780	足球	9	4.945
小足球	11	6.044	小足球门	3	1.648	软式排球	0	0
排球架	6	3.297	足球门	2	1.099	乒乓球拍	24	13.187
乒乓球台	27	14.835	羽毛球拍	20	10.989	板羽球拍	0	0
羽毛球网架	7	3.846	乒乓球架	19	10.440	羽毛球	17	9.341
板羽球	0	0	乒乓球	30	16.484	录音机	5	2.747
肺活量测试仪	0	0						

在实地考察中我们看到,有的小学什么都没有,学生的娱乐完全是人推人、人压人。城里孩子玩过时的积木和碰碰车对这里的孩子来说根本就是不敢想的东西。宁夏一所五年制小学,学生课外活动时,有的玩沙包、捉迷藏,有的追着"夺宝"。他们没有其他玩具,唯一的乒乓球台还锁在房子里,让学生可望而不可即。立在操场正中的篮球架子只是一个摆设,因为学校根本没有篮球。

图38　甘肃天水某小学学生课余体育活动一角

图39　甘肃天水某小学学生课余体育活动一角

图40　青海某中学学生课余体育活动一角

图41 陕西渭南某中学学生课余体育活动一角

图42 新疆喀什某中学学生课余体育活动一角

西北五省(区)农村中小学现有体育场地、器材设施的数量配备与国家标准要求相差甚远,其质量更是无法保障。一般来说,西北五省(区)农村中小学的体育场地,多为室外、土场地,条件好的学校会有煤渣跑道。很多学校的体育场地高低不平,布满大大小小的坑。晴天满地土,雨天满地泥。晴天时只要稍微有一点风,操场上就尘土飞扬,当老师学生走过时,坑坑洼洼的空地上浮起深黄色的尘土,鞋子原来的颜色很快就会被蒙住。雨天则更糟糕,操场上积满了水,泥泞不堪。而体育器材设施的质量也好不了多少。尽管从数据上来看,西北五省(区)农村中小学体育经费的主要开支在购买体育器材设施方面,但在实地考察中我们发现,由于经费严重短缺,学校能购买的体育器材数量非常有限,有的学校一年的体育经费不够买一个篮球,体育器材更新缓慢;另有一些学校使用的体育器材是部队、企业退换下来的捐赠物,使用年限较长。因此,很多农村中小学的体育器材设施破旧不堪,无法使用者居多。

图43 甘肃嘉峪关某中学部分体育场地和器材

图44 甘肃张掖某小学部分体育场地及周边环境

图45 青海某小学部分体育场地器材及周边环境

图46　青海某初中部分体育场地器材及周边环境

图47　新疆奎屯某小学部分体育场地

图48　新疆喀什某中学师生正在上体育课

图49　陕西渭南某中学部分体育场地和器材

在现有体育场地资源达标率不高的情况下,西北五省(区)农村中小学体育场地设施还存在被挪用、占用现象(表27)。

表27　西北五省(区)农村中小学体育教师对学校现有体育场地(馆)有没有被占用、挪用现象存在的回答结果统计表(N=344)

选项	不清楚	从来没有	过去有,现在没有	偶尔有	经常被侵占	未填写
数量	16	164	69	72	17	6
比例(%)	4.7	47.7	20.1	20.9	4.9	1.7

我们对西北五省(区)农村中小学周边一千米以内的体育活动场地也进行了调查(如图50),尽管30.37%的学校附近有篮球场,27.41%的学校附近有乒乓球台,13.70%的学校附近有全民健身器材,还有4.81%的学校附近有羽毛球场地。但是,没有一个乡镇能执行国家"开辟校外体育活动场所,建设儿童青少年体育活动中心或体育俱乐部"的有关规定,建设学生体育活动中心或者体育俱乐部。

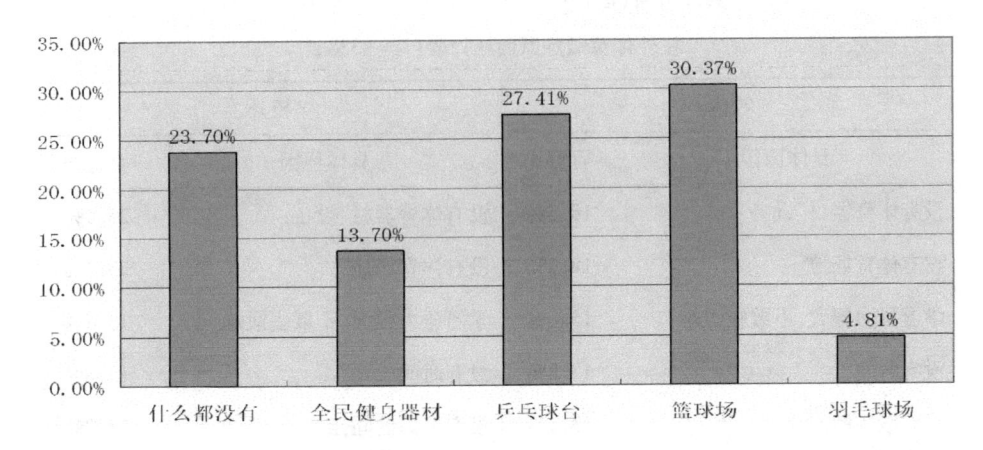

图50 学校附近一千米以内的公共健身设施统计图

从客观数据来看,西北五省(区)农村中小学现有场地、器材设施在数量上、质量上均不达标,很明显无法满足学生的锻炼需求。调查中,学校领导和学生的主观感受与上述分析高度一致:超过60%的学校领导认为本校体育场地(馆)、器材设施数量不足(表28、29)。有39.2%的学生在校内课余时间不能经常参加体育锻炼,有41.9%的学生在校外不能经常参加体育锻炼。不能参加体育锻炼的原因如表30所示。可见,西北五省(区)农村中小学体育场地、器材设施严重短缺,远远不能满足学生的锻炼需求。

表28 西北五省(区)农村中小学领导对学校现有体育场(馆)数量的评价统计表(N=348)

选项	不清楚	非常充足	比较充足	一般	有些不足	严重不足	未填写
数量	7	6	51	63	99	112	10
比例(%)	2	1.7	14.7	18.1	28.4	32.2	2.9

表29 西北五省(区)农村中小学领导对学校现有体育器材设备数量的评价统计表(N=348)

选项	不清楚	非常充足	比较充足	一般	有些不足	严重不足	未填写
数量	3	7	57	59	122	92	8
比例(%)	0.9	2	16.4	17	35.1	26.4	2.3

表30　西北五省(区)农村中小学生课余时间不能参加校内、
校外体育锻炼原因统计表(N=8338)

校内		校外	
具体原因	百分比	具体原因	百分比
没有体育器材、设备	19.5%	没有体育器材、设备	23.1%
没有体育场地	18.1%	没有体育场地	23.7%
学习压力很大,不敢去锻炼	15.0%	学习压力很大,不敢去锻炼	13.7%
没有时间	13.8%	没有时间	13.6%
没有锻炼的同伴	13.1%	没有锻炼的同伴	13.7%
没有人员指导,不会锻炼	12.9%	没有人员指导,不会锻炼	11.9%
没有体育服装	12.3%	没有体育服装	11.1%

3. 西北地区农村中小学体育场地、器材设施的开放、使用情况

学校体育场地(馆)、器材设施对学生的开放使用程度也是影响学生参加体育活动的因素之一。表31是西北五省(区)农村中小学教师对学校现有体育场地(馆)向学生开放情况的评价统计表,从表中数据我们发现一种不同于发达地区学校的情况:有接近40%的学校其体育场地(馆)本身就像没封闭一样,开不开放没有多大区别。这应该与西北五省(区)农村中小学体育场地(馆)多处于室外,没有封闭管理有直接关联。

图51　甘肃酒泉某学校开放的校内体育场地

图 52　青海某学校部分体育场地

表 31　西北五省(区)农村中小学教师对学校现有体育场地(馆)向学生开放情况的评价统计表(N=344)

选项	不清楚	从来不开放	我们学校体育场地本身就跟没封闭一样	部分开放	全部开放	未填写
数量	23	44	135	53	81	8
比例(%)	6.7	12.8	39.2	15.4	23.5	2.3

调查的学校中,体育场地(馆)在双休日、寒暑假、节假日、周一到周五非教学时间开放的学校所占的比例很小(表32)。之所以会出现这样的状况,应该与各学校在开放中面临的具体问题和困难直接相关:首先,西北五省(区)现有中小学中,体育教师以及管理人员的数量都是很有限的,在做完本职工作之后几乎没有多余的人员来负责体育场地(馆)对学生的开放工作。其次,《中华人民共和国劳动法》规定,在非工作日加班需要一定的经济补助,而学校的体育经费有限或是专款专用,更有一些学校压根就没有体育经费,学校无法承担这方面的加班补贴和劳务费。再次,学生在业余时间参加体育锻炼发生伤害事故时,家长、社会舆论会不同程度地追究学校及其管理人员的责任,会打官司、牵扯到经济赔偿,对学校有很大的负面影响。因此,"安全""管理""物耗"三大难题就成为阻碍学校体育场地资源在节假日向学生开放的瓶颈。

表32 西北五省(区)农村中小学体育教师问卷中关于体育场地(馆)开放时间的统计表(N=344)

	小学	初中	高中	合计
不清楚	2%	6.82%	0.00%	3.71%
不定期,偶尔开放	10.5%	14.39%	11.11%	12.00%
每周定期开放	37.5%	22.72%	38.89%	32.00%
寒暑假开放	12.5%	9.09%	11.11%	11.14%
节假日都开放	6%	6.82%	0.00%	6.00%
全天候	22%	21.21%	27.78%	22.00%
周一到周五非教学时间开放	8.5%	17.42%	0.00%	11.43%
双休日开放	1%	1.52%	11.11%	1.71%

对西北五省(区)农村那些部分开放以及完全开放体育场地(馆)的学校深入调查,我们发现这些学校的收费情况也不尽相同。调查显示(图53、54),学校体育场地(馆)免费开放的占比最高,达到43.39%,收费场地占到38.09%,其中收费对象也不同。从横向比较来看,59.84%的小学体育场地设施开放对小学生不收费,但对其他锻炼人群收费;到了初中和高中阶段,收费情况有了很大的变化,对所有人都收费且标准一致的初中和高中分别占到54.55%和77.78%,这是由于学校学段越高,学校所处的地理位置越接近城镇,城镇居民对体育锻炼的认识水平较高,经济实力相对也好,学校体育场地(馆)对这样的

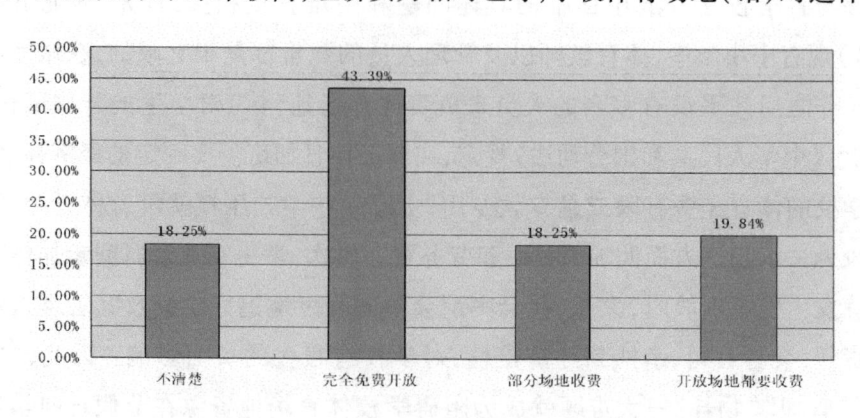

图53 西北五省(区)农村中小学对外开放的体育场(馆)收费统计图

周围人群进行收费开放可以作为学校创收的一条途径来予以推广。但是,这样的收费开放对于在校学生来讲却是一种不利的做法。

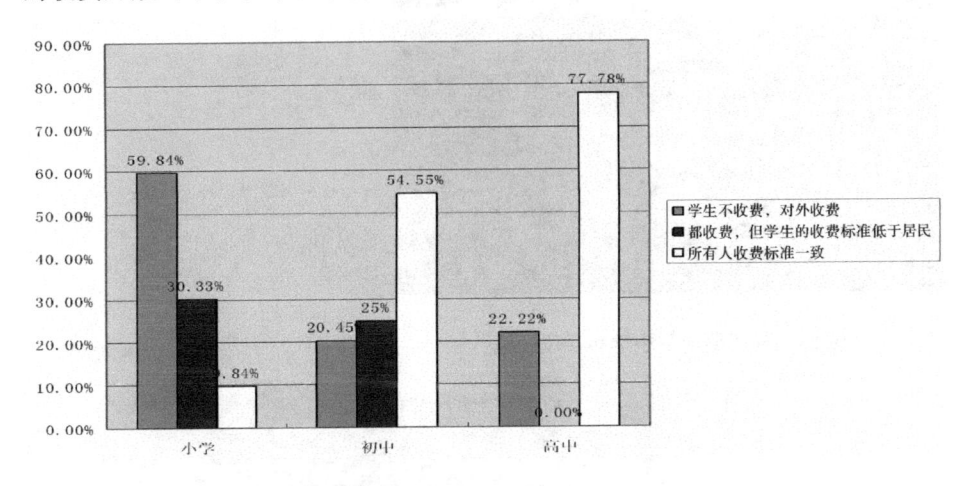

图54 西北五省(区)农村中小学开放体育场地(馆)收费对象统计图

4. 西北地区农村中小学体育场地(馆)、器材设施管理和维护情况

学校体育场地、器材设施的管理和维护是学生利用现有体育场地资源进行锻炼的一个良好前提。

从表33可以看出,西北五省(区)农村27.62%的中小学体育场地(馆)、器材设备都没有固定人员来管理,35.87%的体育场地(馆)、器材设备由体育组长管理,而他们的管理也仅限于正常工作时间的教学、训练,课余时间仍然是无人管理的。在无人监管或者监管不到位的情况下,这些体育场地(馆)普遍存在一些问题,比如,一些学校的运动场,灰尘特别重却无人洒水;自行车甚至机动车随便进入场地;体育场地上有人在蹲杠铃,还有农民在晾晒粮食;沙坑内沙土板结,杂物充斥。

图 55　陕西渭南某小学乒乓球场地

图 56　陕西渭南某小学篮球场地和器材

图 57　甘肃张掖某中学部分体育场地器材

图58 甘肃嘉峪关某小学部分体育场地和器材

表33 体育教师问卷中关于西北五省(区)农村中小学体育场地(馆)、
器材设备的管理人员统计表(N=344)

体育场地(馆)、器材设备管理人员情况	百分比
不清楚	11.43%
没有人	12.38%
没有固定人员	27.62%
体育组长	35.87%
体育教师轮流管理	11.11%
非体育组人员专门管理	11.75%

从图63可以看出:西北五省(区)农村中小学中只有31.86%的学校对体育场地(馆)进行定期维修;有20.82%的学校从来不维修,还有39.12%的学校对体育场地(馆)进行不定期的维修。对于体育器材室(兼教师办公室)的安全(包括房屋的牢固程度、水、电等)的检查不够重视,只有20.95%的学校是进行定期检查的,有47.94%的学校不定期进行检查(图64)。在实地走访中我们看到,很多学校篮球场年久失修,球场上大洞小坑,篮球架倾斜篮板下垂。

图59　青海某初级中学部分体育场地器材

图60　青海某小学部分体育场地及器材

图61　新疆喀什某学校部分体育场地和器材

第四章 西北地区农村中小学体育环境现状分析 ◀▷ 77

图 62 新疆乌鲁木齐某小学部分体育场地和器材

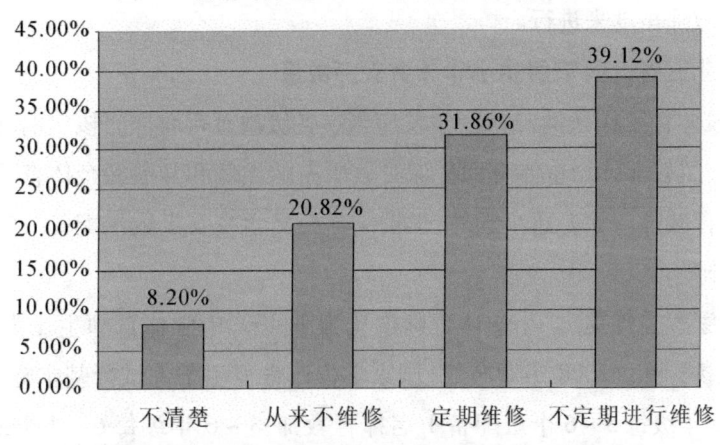

图 63 学校对体育场地(馆)的维修、维护工作统计图
- 不清楚：8.20%
- 从来不维修：20.82%
- 定期维修：31.86%
- 不定期进行维修：39.12%

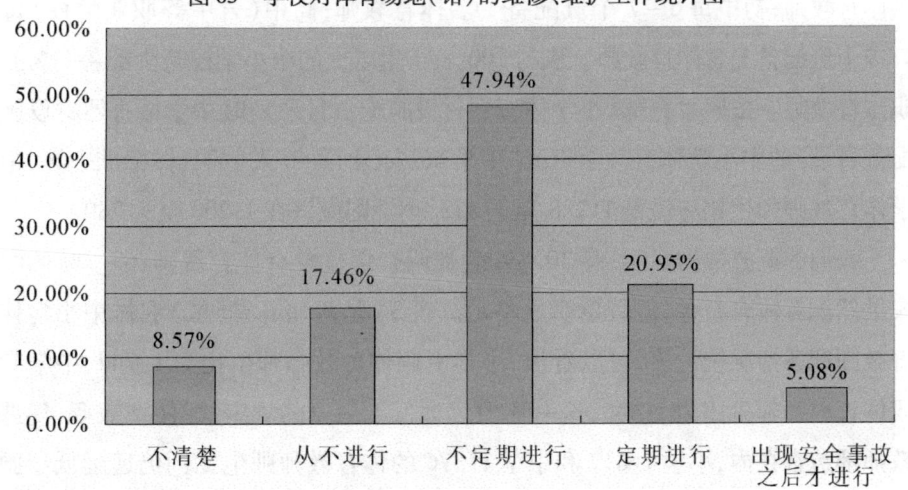

图 64 体育器材室(兼教师办公室)的安全检查频率统计图
- 不清楚：8.57%
- 从不进行：17.46%
- 不定期进行：47.94%
- 定期进行：20.95%
- 出现安全事故之后才进行：5.08%

(三)西北地区农村中小学体育社会指导与师资环境分析

教育部在《关于加强中小学体育师资队伍建设的意见》中曾经强调指出:"加强学校体育工作,除了改善体育方面的设施条件之外,关键是建设一支数量足够、质量合理、相对稳定的师资队伍。"学校体育社会指导与师资环境是指学校内外指导学生体育活动的人员及指导工作状况。校外社会体育指导人员通常包括社会体育指导员、教练员及其他人员。我们了解到,目前西北五省(区)农村尚没有专门的学生体育活动中心或者体育俱乐部,也没有社会体育指导员和教练员,所以对西北五省(区)农村中小学体育社会指导与师资环境的分析只能从体育教师角度来进行。

1. 西北五省(区)农村中小学体育教师数量

《学校体育工作条例》规定:学校应当在各级教育行政部门核定的教师总编制数内,按照教学计划中体育课授课时数所占的比例和开展课余体育活动的需要配备体育教师。除普通小学外,学校应当根据学校女生数量配备一定比例的女体育教师。

原国家教委曾提出"小学体育师生比为1:400,中学体育师生比为1:350"这样的配备标准。2008年颁布的《国家学校体育卫生条件试行基本标准》规定小学1~2年级每5~6个班配备1名体育教师,3~6年级每6~7个班配备1名体育教师;初中每6~7个班配备1名体育教师;高中(含中等职业学校)每8~9个班配备1名体育教师。农村200名学生以上的中小学校至少配备1名专职体育教师。按照教育部《小学体育器材设施配备目录》和《中学体育器材设施配备目录》的中小学体育教学班级"中学48人,小学40人"的具体标准来算,中学体育教师师生比应该是1:288至1:432,小学则应该在1:200至1:280。

我们的调查数据显示,有30.8%的被调查学校没有体育教师;69.2%的学校虽然配有体育教师,但数量明显不足。表34是西北五省(区)农村中小学体育教师配备情况统计表,可以看出,小学专职体育教师师生比为1:744,中学专职体育教师师生比为1:446,这一比值远远低于国家的规定;即使把兼职、代课教师都包含在内,小学1:617和中学1:376的体育教师师生比例仍远远低于国家要求。在实地调查中,我们发现甘肃某中学,现有在册学生1111名,体育教师只有1名;陕西某中学,在册学生5470人,只有2名体育教师;宁夏某小学,在册学生635人,没有一位体育教师。可以说,体育教师严重缺编已成为影响西北五省(区)农村学校体育发展的重要因素。

表34　西北五省(区)农村中小学体育教师配备情况统计表

学校类型	专职体育教师比例	兼职(含代课)体育教师比例	专职师生比	含兼职代课师生比	体育教师男女比例
小学	32.19(%)	67.81(%)	1:744	1:617	9.7:1
中学	74.40(%)	22.60(%)	1:446	1:376	6.4:1

在调查中我们还了解到,西北五省(区)农村中小学体育教师绝大多数为男性,女体育教师凤毛麟角,男女教师比例明显失调,达不到专家3:1或者4:1的建议。

2. 西北五省(区)农村中小学体育教师质量

(1)西北五省(区)农村中小学体育教师职业性质和招聘渠道

正规的教师招聘途径是保证教师队伍质量、教育质量的一个重要前提。表35的数据显示,西北五省(区)农村中小学的体育教师队伍中,超过80%的人是通过教师招考、招聘途径进入学校的。这表明西北五省(区)农村中小学体育教师的获取途径比较正规,符合国家对教师岗位管理的有关规定。

表35　西北五省(区)农村中小学体育教师招聘渠道统计表

渠道	本地区(县)体育教师招考	校园招聘	网上招聘	招聘洽谈会	未填写
小学	79.68%	9.38%	0	3.13%	7.81%
中学	71.79%	8.79%	1.28%	10.26%	7.69%

目前我国体育教师的职业性质分为三种:专职教师、兼职教师、代课教师。专职体育教师是指体育专业毕业并取得体育教师资格证的教师,能够教授体育课并能进行专业训练。专职体育教师是体育教学和体育训练的主力军,承担主要的教学任务。兼职教师是非体育学科教师在承担其他学科教学任务的同时兼任体育教师,主要承担活动课和体育课的教学任务,不承担训练任务。兼职教师能够组织简单的体育游戏,在体育教师数量不足的情况下能够分担专职体育教师的课时任务。代课教师是指教育系统编制之外的人员,代课教师大多是

体育院校的大学生或毕业生,有一定的专业素质和教学手段,但教学经验相对较少。21世纪初期,我国农村中小学中兼职教师和代课教师的比例比较大。自2006年教育部提出为提高农村教育质量,要在较短时间内,将全国余下的44.8万人的中小学代课人员全部清退之后,全国各地纷纷清退代课教师,教师队伍中兼职教师、代课教师比例逐渐减小。时隔几年,尽管代课教师逐渐退出我们的视线,但对于经济发展比较落后的西北五省(区)来讲,代课教师现象不可能在短时间内消失。目前西北五省(区)农村中小学,尤其是小学中兼职体育教师比例偏高,有高达67.81%的小学体育教师、25.60%的中学体育教师仍属于兼职(含代课)性质。这些兼职体育教师大多没有进行过体育专业培训,缺乏体育专业知识和技能,对学生体育活动的指导质量就无法保证。

图65　甘肃天水某小学师生在上体育课

图66　青海某初级中学师生在上体育课

图 67　新疆乌鲁木齐某小学师生在上体育课

在实地调查访问中我们还发现了一个比较奇怪但却普遍存在的现象:教授体育的教师不专业,专业体育教师不教授体育。一些兼职体育教师其实是体育专业出身,以体育教师的身份进入学校的,主要教授的却是其他课程,体育课只是其兼职;更有甚者,彻底不教授体育,改行专职教授语文、数学,甚至历史、英语。这种现象在小学尤为严重,对于原本数量不足的体育教师队伍来说更是雪上加霜。造成这种现象的原因是学校对于体育工作的不重视。这可能也是造成体育教师专、兼职比例失调的原因之一。

(2)西北五省(区)农村中小学体育教师的年龄结构

体育教师的年龄结构是指体育教师群体内部不同年龄层次的比例和相互关系的组合形式。不同年龄阶段的体育教师在知识、技能及实践经验方面可以形成互补,因此,合理的年龄结构可以发挥体育教师群体水平的最大效能。世界卫生组织对老、中、青年龄的划分是:44 岁以下人群为青年人,45~59 岁人群为中年人,60~74 岁人群为老年前期或准老年期,75 岁以上人群为老年人,90 岁以上人群为长寿老人。根据这一标准来看,西北五省(区)农村中小学体育教师以中青年为主,年龄集中分布在 30~49 岁,占总人数的 64%,但老、中、青比例结构略显不合理,30 岁以下和 50 岁以上的教师比例偏低。年轻教师比例偏低会导致若干年后教师队伍新旧交替出现矛盾,人才梯队衔接不上。因此,培养、补充年轻教师应该成为西北五省(区)农村体育教师队伍建设中一个重要事项。

(3) 西北五省（区）农村中小学体育教师的学历达标情况

学历是代表一个人接受正规教育的程度。2009年修正的《中华人民共和国教师法》中规定,小学教师应当具备中等师范学校毕业及其以上学历,初级中学教师应当具备高等师范专科学校或其他大学专科毕业及其以上学历,高级中学教师和中等专业学校教师应当具备高等师范院校本科或者其他大学本科毕业及其以上学历。

学历结构是反映教师队伍文化素质和业务素质的重要指标之一。近年来,国家比较重视教师队伍建设,一方面在招聘补充体育教师时,在学历、能力方面严格,另一方面,通过各种途径不断加强现有教师的培训工作,因此,体育教师学历达标率在逐年上升。从表36的数据来看,西北五省（区）农村中小学体育教师队伍中本科学历者比例超过75%,现有体育教师学历基本达到国家标准。但是体育教师队伍中（包括兼职在内）有46.1%的人员第一学历为中专学历,本科学历来自函授。

表36 西北五省（区）农村中小学体育教师学历结构情况统计表

学校类型	硕士及以上者(%)	本科(%)	大专及以下者(%)
小学	0	75.15%	26.61%
中学	0	91.92%	8.08%

(4) 西北五省（区）农村中小学体育教师的职称结构情况

职称是社会对教师学术、技术水平认可的标志。体育教师职称是根据实际工作需要设置的,它具有明确的职责、任职条件和任期,相关教师要具备专门的体育专业知识和技术水平才可以通过评审。教师职称评审受教龄、学历和业绩等很多因素的限制。

体育教师职称结构是指体育教师中初、中、高各级职称人员的比例,它是衡量体育教师群体素质状况的尺度之一。从表37中可知,西北五省（区）农村中小学体育教师中一级教师比例最大,小学、中学都在70%以上,特级教师比例最小,各种职称人数比例不够合理。在实际调查中我们发现,体育教师对于职称评审很重视,但却感慨于评职称的种种艰辛:首先,体育教师在学校中不能与其他教师享同等待遇,很多时候学校领导都会优先考虑、照顾其他学科教师;其次,相对于其他学科来讲,体育学科竞争优势不明显,业绩考核无法与其他学科公平竞争。

表37　西北五省(区)农村中小学体育教师职称结构统计表

学校类型	特级教师(%)	高级教师(%)	一级教师(%)	二级教师(%)
小学	0.59	19.27	74.48	5.66
中学	1.36	13.42	70.53	14.78

3. 西北五省(区)农村中小学体育教师工作情况

(1)西北五省(区)农村中小学体育教师的工作内容

从学校课表上来看,西北五省(区)农村中小学开展的体育活动内容比较丰富,开展比较好的是体育课、课间操、早操,班级体育锻炼及近几年推行的大课间活动在学校开展得不是很好。

表38　西北五省(区)农村中小学生对"你们课表上都有哪些体育活动"的回答统计表(N=8338)

选项	体育课	早操	课间操	大课间活动	班级体育锻炼	自由体育活动
数量	4766	3786	4053	2248	948	1479
比例(%)	58.9	46.8	50.1	27.8	11.7	18.3

对学校领导、体育教师的调查表明,西北五省(区)农村中小学举办运动会的比例较高,尽管举办的频率不同,但大多数学校都能组织、举办。除了运动会,越野赛、跳绳比赛等竞赛活动也在学校中不定期开展。因此,体育教师除了完成课表上安排的工作外,还要承担运动会、越野赛等竞赛活动的编排、组织工作,个别教师还要承担运动队的训练工作。

实地调查走访中我们了解到,农村中小学体育教师除了承担学校的体育工作之外,还有许多与体育无关的工作需要承担:每学年、学期开始,包括体育场地(馆)在内的全校卫生的打扫;教室、宿舍、体育场馆、器材设施的维修;校园秩序、安全的巡查。而这一类的工作,往往是义务劳动,不计工作量,更没有酬金。

(2)西北五省(区)农村中小学体育教师的工作数量、时间

在调查中,很多农村一线体育教师都认为自己的实际工作量与课表上的安排有很大差距:按课表上安排计算,小学体育教师平均每周15学时;中学体育教师每周18学时。但实际工作中西北五省(区)农村中小学体育教师的

工作量远远超过了上面的数据,把早操、课间操、运动竞赛、运动训练等工作按量计算,平均工作量在26学时。更有一些小学,低年级实行"包班制",兼任体育教师的班主任从早到晚都在忙碌,这种兼职体育教师的工作量呈现饱和状态。在工作量比较饱和的情况下,对学生体育活动的指导就仅限于体育课、早操和课间操等正规体育活动时间,在课余能进行指导的人员、时间就非常有限了。因此,尽管体育教师工作量比较大,但学生在课余时间几乎得不到体育教师的指导。

(3)西北五省(区)农村中小学体育教师的工作质量

西北五省(区)农村中小学体育教师的工作质量也就是工作业绩,从学生体质变化、运动技能的掌握,以及竞赛成绩等方面可以进行衡量,也可以从体育教师课堂教学的过程、学生的满意程度反映出来。

从1985年开始,我国青少年体质持续下降,尽管影响青少年体质的因素很多,但学校体育有着不可推卸的责任。从我国国民体质监测以及青少年体质监测相关数据来看,西北五省(区)农村中小学身体素质某些指标也在走下坡路,从某种角度来讲,说明体育教师工作的质量在下降。图68是西北五省(区)农村中小学体育课教学形式统计图,可以看出,仅有10%左右的被调查学校能正规上体育课,超过50%的学校学生的体育课都是放羊式的。图69则是学校利用现有资源开设体育活动的情况,"放羊,自由活动"仍然是最主要的活动形式。因此,我们认为学生体育活动的质量很明显是比较差的,从另一角度来讲,体育教师的工作质量亟须提高。

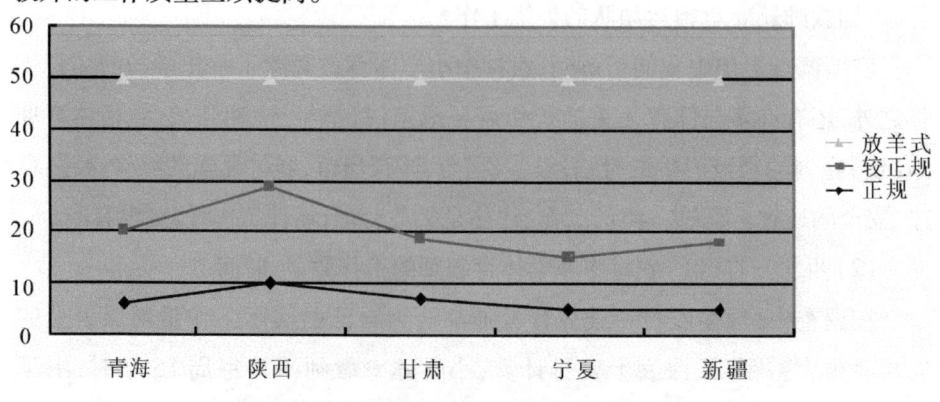

图68　西北五省(区)农村中小学体育课教学形式统计图

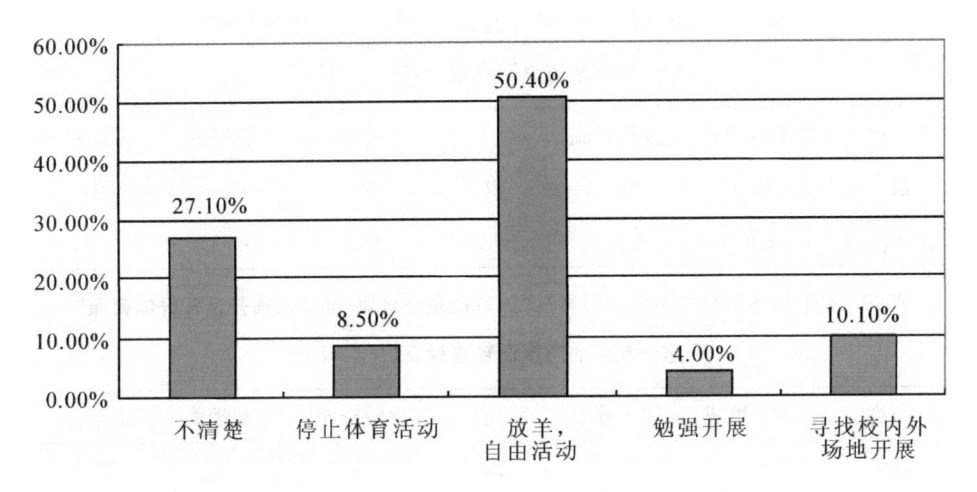

图 69　西北五省(区)农村中小学在现有场地资源条件下开展学校体育工作的统计图

4. 西北五省(区)农村中小学体育教师的管理

科学、公平管理体育教师队伍,是激发体育教师工作热情、稳定工作情绪、很好为学生服务的重要举措。

(1)学校对体育工作的重视程度

学校对体育工作的重视程度从学校领导的态度中能很好地反映出来。表39、40是西北五省(区)农村中小学校领导对与体育有关问题的回答统计,可以看出,虽然有近80%的学校领导都认为自己"很重视学校体育",也认为"体育课是必修课,学校应该开足开好体育课",貌似重视学校体育,但实践中却有超过1/3的学校领导在体育课与文化课学习冲突时,不支持学生参加体育运动,有超过43%的学校领导选择了"和体育课程相比较,我更重视语文、数学、物理、化学等能体现教学质量的课程",超过半数的学校领导选择了"在现有条件下,我们学校通常会优先保障语文、数学、物理、化学等课程的需求"。有高达64.4%的中小学校并没有体育教研组,学校体育工作怎么开展完全取决于学校领导的态度和心情。

表39 西北地区农村中小学校领导对"我很重视学校体育"
这一观点的态度调查统计表(N=348)

态度	根本不赞成	比较不赞成	一般	比较赞成	非常赞成	未填写
数量	10	15	39	89	189	6
比例(%)	2.9	4.3	11.2	25.6	54.3	1.7

表40 西北地区农村中小学校领导对"体育课是必修课,学校必须开足开好体育课"
这一观点的态度调查统计表(N=348)

态度	根本不赞成	比较不赞成	一般	比较赞成	非常赞成	未填写
数量	8	5	23	65	243	4
比例(%)	2.3	1.4	6.6	18.7	69.8	1.1

体育教师和学生对体育课的受重视程度与学校领导的评价有较大差异,有42.3%的教师、58.4%的学生都认为学校对体育不够重视。

(2)体育教师的工资、福利待遇情况

关于体育教师的福利待遇,在多部法律法规中都有规定。《中华人民共和国教育法》《学校体育工作条例》等相关法律规范中涉及应当保障体育教师的福利待遇权利,《中华人民共和国教师法》不但规定教师有权"按时获取工资报酬,享受国家规定的福利待遇以及寒暑假期的带薪休假",而且第二十九条规定:"教师的医疗同当地国家公务员享受同等的待遇;定期对教师进行身体健康检查,并因地制宜安排教师进行休养。医疗机构应当对当地教师的医疗提供方便。"第三十条规定:"教师退休或者退职后,享受国家规定的退休或者退职待遇。县级以上地方人民政府可以适当提高长期从事教育教学工作的中小学退休教师的退休金比例。"《中华人民共和国义务教育法》第三十一条规定:"各级人民政府保障教师工资福利和社会保险待遇,改善教师工作和生活条件;完善农村教师工资经费保障机制。教师的平均工资水平应当不低于当地公务员的平均工资水平。特殊教育教师享有特殊岗位补助津贴。在民族地区和边远贫困地区工作的教师享有艰苦贫困地区补助津贴。"《中华人民共和国体育法》第二十一条规定:"学校应当按照国家有关规定,配备合格的体育教师,保障体育教师享受与其工作特点有关的待遇。"《教育部关于加强农村学校体育卫生工作的几点意见》中也专门提到要切实关心体育教师的福利待遇。农村体育教师的工作环境特殊、艰苦,因而规定的福利待遇必须保证。这些政策法规规定了体育教师的福利待遇标准,并要求切实保障体育教师的福利待遇,此外,依据平等权,体育教师的福利待遇应与其他学科教师相同。

西北地区农村中小学教师待遇较低,工作、生活条件较差,拖欠工资现象严重,使得农村中小学教师队伍不稳,流失严重。① 这是2006年之前的现象,2008年的统计数据如表41、42所示。

表41　西北地区农村中小学体育教师工资收入情况统计表(N=344)

每月总工资分段	人数	百分比(%)
不到400元	11	3.2
400~800元	29	8.4
800~1000元	96	27.9
1000元以上	208	60.5
共计	344	100.0

可以看出,接受调查的体育教师中有近四成的人员工资低于1000元,甚至有3.2%的被调查者月总工资不足400元。在这样偏低的工资水平上,很难保障体育教师队伍的稳定性。

对于"工资是否被拖欠、克扣"问题(表42),在接受我们调查的344名教师中,仅有144人选择"没有出现过",有51人选择了"经常出现"。另有39人选择了"过去出现过,现在没有了",46人选择了"偶尔会出现"。工资不能按时发放,肯定会影响教师的工作情绪,这也是体育教师队伍不稳定的因素之一。

表42　西北五省(区)农村中小学体育教师对"你们学校体育教师工资有没有被拖欠、克扣"的回答结果统计表(N=344)

态度	过去出现过,现在没有了	偶尔会出现	经常出现	没有出现过	未填写
人数	39	46	51	144	64
比例(%)	11.3	13.4	14.8	41.9	18.6

---

① 吕国光,王嘉毅.西北少数民族地区基础教育发展现状与对策研究[M].北京:民族出版社,2006:67.

体育教师专项服装费是为了补助体育教师在室外上课及体育课对服装的特殊要求而专门为体育教师发放或补贴的。表43的数据表明,西北五省(区)农村仅有5.8%的体育教师能正常享受这一专项补贴,其余津贴、补助能正常享受的体育教师比例也很低(表44);有23.8%的体育教师根本就没接受过公费体检(表45)。这一些数据都表明:西北五省(区)农村中小学体育教师的权利受到了侵害,很多教师无法享受到应有的权利和待遇。

表43 西北五省(区)农村中小学体育教师工作服装发放调查统计表(N=344)

选项	每年都购买发放	每年不发服装,只发一点服装补助自行购买	几年才发一次服装费用	没有发过服装,也没有服装补助	不清楚	未填写
人数	20	86	67	96	17	58
比例(%)	5.8	25	19.5	27.9	4.9	16.9

表44 西北五省(区)农村中小学体育教师目前能正常享受的津贴、补助调查统计表(N=344)

选项	艰苦边远地区津贴	岗位津贴	职务津贴	服装津贴
人数	69	113	79	64
比例(%)	20.1	32.8	23.0	18.6

表45 西北五省(区)农村中小学体育教师接受公费体检的时间调查统计表(N=344)

选项	不清楚	一年两次	一年一次	两年一次	不定期,没有规律	没有体检过	未填写
人数	20	28	82	33	37	82	62
比例(%)	5.8	8.1	23.8	9.6	10.8	23.8	18.0

除了工资、福利不能得到保障之外,不能与其他学科教师享受同等待遇或许是影响体育教师工作情绪和态度的另一个重要原因(表46)。

表46 西北五省(区)农村中小学体育教师在工资、福利待遇及
职称评审等方面与其他任课教师情况对比调查统计表(N=344)

态度	不清楚	完全一致	有些方面不一致	各方面都不一致
人数	61	117	98	68
比例(%)	17.7	34	28.5	19.8

有专家研究发现,如果一个教师5年不参加培训或进修,那么他所掌握的知识有80%以上是陈旧的、过时的。体育教师的培训和进修是体育教师自我提高,进一步提高业务水平的一个平台。参加继续教育培训,既是体育教师的权利,也是体育教师的义务。从2003年至2008年,接受我们调查的西北五省(区)农村中小学体育教师的培训经历少得可怜:在五年之内,高达78.6%的中学体育教师、88.5%的小学体育教师没有参加过任何专业培训;中学有12.9%、小学有5.9%的体育教师培训过1次;培训过2次及以上的中学、小学体育教师分别为0.7%和0.2%。我们了解到,90%以上的体育教师都表示希望有参加培训、继续深造的机会。但是由于各个学校教师(包括体育教师)配备有限,每个教师都承担着繁重的工作,再加上体育教师和音乐、美术教师一样,无法与数学、语文等"主课"教师公平竞争。所以,对于国家组织的一些教师培训班,体育教师能够放下手头的工作而去参加的很少。

体育教师对工资福利待遇的满意程度决定了其工作的积极性和热情,也决定了其工作的稳定程度。从调查结果来看:西北五省(区)农村中小学体育教师对自己工资待遇满意度不高;有30.2%的体育教师对自己的工资待遇"很不满意",只有4.7%的体育教师认为自己的工资待遇是"高于"其付出的,而认为自己的工资待遇与其付出"基本相符"的体育教师占被调查人数的20.9%。

(四)西北地区农村中小学体育精神文化环境分析

学校体育精神文化环境是指学校在长期办学过程中形成并由全校师生共同遵守的对体育活动的信念、思维、心理和行为态度的一种体育精神文化氛围。本研究对西北五省(区)农村中小学体育精神文化环境的分析将从以下四个方面来进行:学生及周围人群的体育意识、态度和行为,学校体育传统与风气(固

定的体育节日、体育赛事、传统体育项目开展,教风、学风),体育信息、舆论,人际关系。

1. 学生及周围人群的体育意识、态度和行为

态度是一种内在的心理现象,是个体对待人或事物较一贯和固定的心理倾向,同时也是外界与个体反应之间的中介因素。体育态度是指个体对体育活动所持有的评价、体验和行为倾向的综合表现。

从心理学的角度来讲,意识决定态度和行为,人的态度在群体中存在着类化现象,无论是理想还是价值观念等,个人都会受到群体中他人的影响。因此,学校中多数人对体育的态度,必然成为影响所有成员的巨大力量,甚至能使原先对体育态度淡漠的人转变态度。而一定的体育行为一旦成为学校多数人的共同行为方式,就将通过模仿、暗示、从众、认同等心理机制,使少数行为方式不同的个体内化自己的行为,从而与周围的心理环境协调起来。① 人的体育意识、价值观决定了其相应的体育态度和行为。周围人群的体育意识、态度和行为是影响学生体育意识及行为的重要因素。

(1)校园内周围人群的体育意识、态度和行为

学校领导是校园内对本校体育活动开展有着重大决策权的人员,其体育价值观、态度及相应的体育行为对全校体育活动的开展有着非常大的影响。接受调查的学校体育教师中,有37.9%的人认为本校领导"经常关注并参与"学校体育各项工作计划的制订过程,29.9%的人认为本校领导"只是关注但并不参与"学校体育各项工作计划的制订过程,23.7%的人认为本校领导"偶尔会关注、参与"学校体育各项工作计划的制订过程,有3.6%的人表示"不清楚",另有1.3%的人认为本校领导"从来不参与"学校体育各项工作计划的制订过程(图70)。调查中我们了解到:超过90%的体育教师认为本校领导经常关注、参与学校体育各项工作计划的制订过程,87.5%的体育教师认为本校领导经常监督、检查本校体育工作计划的实施情况。从这些数据来看,西北五省(区)农村中小学校的领导对学校体育价值的认同度较高,有良好的体育意识,对学校体

---

① 陈启文.高校校园精神文化环境建设的理性思考[J].未来与发展,2006(11):52 - 54.

第四章 西北地区农村中小学体育环境现状分析

育工作有着积极的影响。

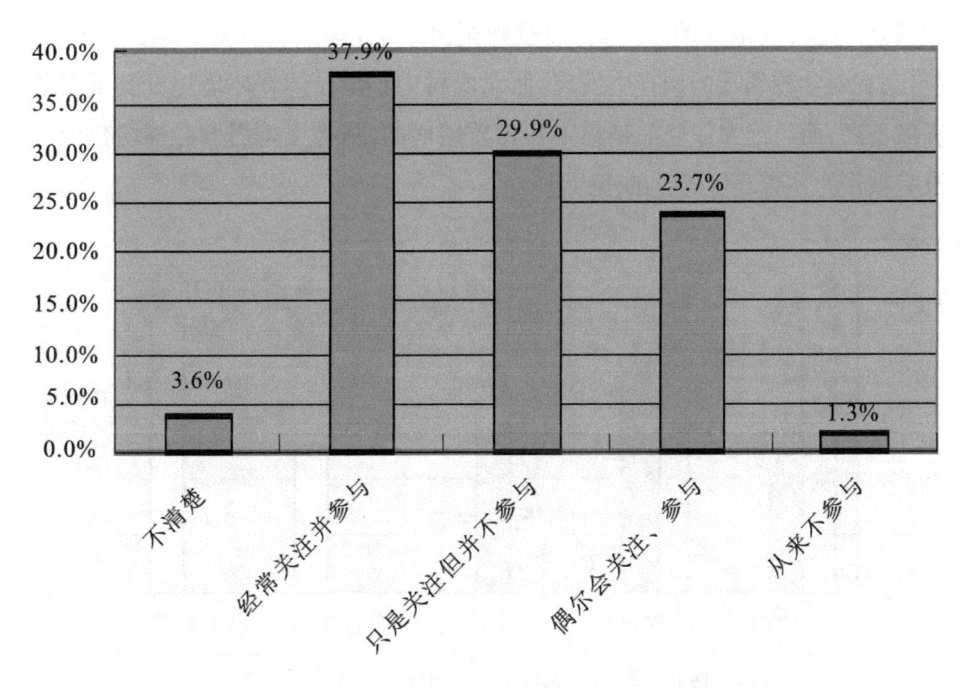

图 70　西北五省(区)农村中小学校领导关注、参与学校体育工作计划情况图

从理论上来讲,学校领导的体育意识与其对学校体育工作的重视程度以及自身参加体育锻炼、参加学校体育各项活动的情况应该成正比。虽然从上面的数据来看,西北五省(区)农村中小学校的领导有着很好的体育价值观,而且有近80%的学校领导都认为自己重视学校体育,也有71.9%的学校领导表示自己经常参加学校有关体育活动,有60.9%的领导表示自己经常参加体育锻炼。但实际上,学校领导对体育的重视程度以及他们自身参加体育锻炼的情况却并非如他们表述的那样。有74.3%的学生都认为学校对体育不够重视(图71)。学校领导实际参与体育活动的情况不够理想,没有起到足够的模范带头作用。体育教师和学生问卷显示,教师认为能够积极参与学校体育活动的学校领导的比例仅为14.7%,学生认为能够积极参与学校体育活动的学校领导比例仅为14.4%。显然,在这个问题上,体育教师、学生和学校领导的调查结果出现了较大的矛盾性。与教师、学生问卷调查结果出现较大矛盾的还有学校领导对学校体育各项工作的关注程度。学生体质达标状况与学生个体能否获取升学资格

有直接关联,会影响学校升学率,是影响学校领导业绩的重要因素,所以也是学校领导关注程度最高的一方面,而教师则将"体育课教学质量"排在首位(图77)。在对学校领导的调查中发现:西北农村中小学校体育环境建设受重视的程度不高,而且绝大部分都是集中在物质层面的,精神文化层面的环境建设也没有被作为体育环境建设的重点。

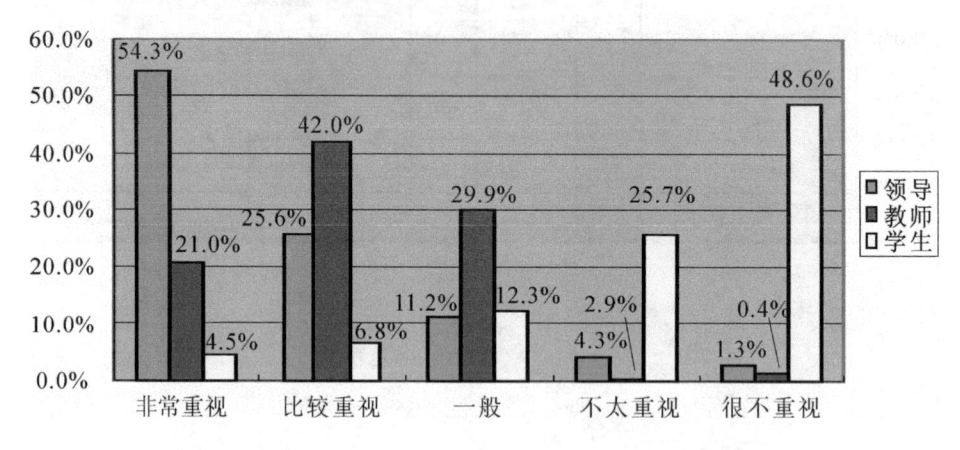

图71 西北五省(区)农村中小学对体育工作重视程度调查

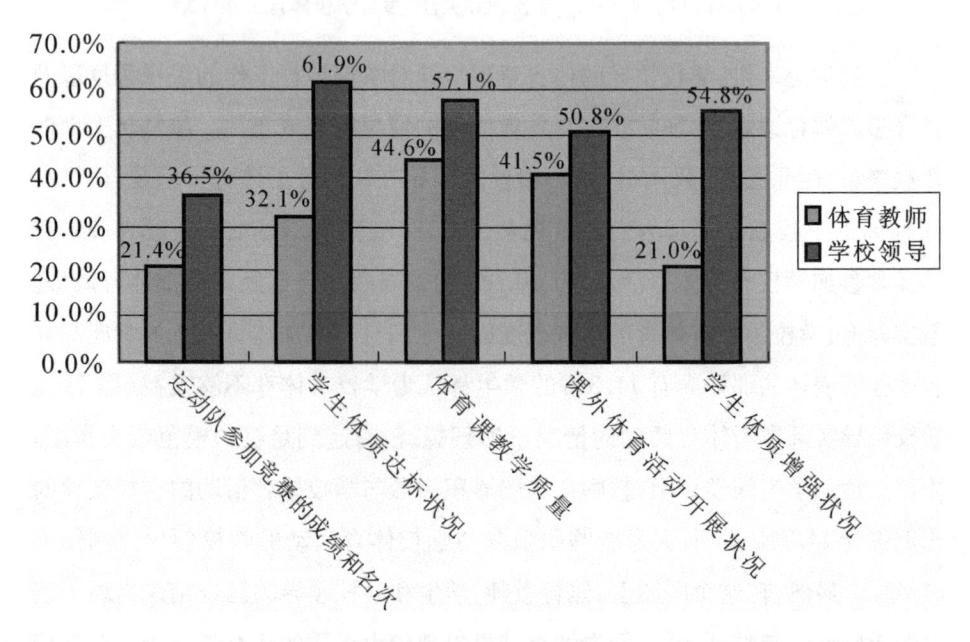

图72 西北五省(区)农村中小学校领导对学校体育各项工作重视程度统计图

把这些矛盾与前面我们对学校领导貌似重视学校体育,但实践中却表现出言行不一致的分析结果结合起来,可以得出这样的结论:西北五省(区)农村中小学校领导对体育的价值有很高的认同感,对学校体育工作计划的制订、实施有较好的关注,但在实际工作中"重智育轻体育"的思想仍然严重,参与实质性体育活动的行为与体育意识、价值观之间表现出一定的矛盾性,对体育的重视仅限于表面。这应该与我国的教育体制、考试制度、多年来的传统观念密切相关。

教师问卷显示,除了学校领导,校园内与体育教师、学生一起参加学校体育活动的人群中,班主任的参与度是最高的(52.2%),然后是其他任课教师(46.4%),接下来是团或少先队领导(25.9%)、家长(1.8%)。学生问卷也有相似的结论:除体育教师和学生外,学校体育活动参与者按比例依次为班主任(23.2%)、其他任课教师(10.2%)、家长(6.2%)。可以看出,班主任在内的任课教师大部分能够积极参与学生的体育活动,但比例偏低。

(2)学生家长的体育态度、意识和行为

体育兴趣和习惯的培养同样也离不开家庭的影响。作为学校体育外环境的一种主要影响因素的家庭体育,主要是以家庭为单位,家庭成员共同进行某项体育运动活动,以实现家庭教育、生活和谐、强身健体等功能。家庭体育对于学生有较深远的教育意义,家庭体育开展得好,不仅可以提高子女的体育锻炼意识,还可以培养其坚持体育锻炼的习惯,对于学校体育活动也是极大的推动。

社会观念,属于社会的意识形态,对实践具有重要的影响和导向作用,包括社会思想观念、社会教育观念和社会人才观念。传统观念具有一定的稳定性和滞后性,对行将进行的社会和学校改革有一定的负面影响。西北五省(区)农村的社会经济物质条件制约着人们的思想观念。长期以来,农村交通、信息闭塞,经济发展迟缓,文化教育相对落后,"升学教育"理念在广大农村尤其是西北地区农村显得尤为突出。在访谈中我们发现,大部分学生家长都承认参加体育锻炼对学生身心有益,也想让自己的孩子通过体育锻炼增强体质,但受传统观念以及教育制度、评价体系影响,智育往往被作为成才的唯一标准,农村居民又普遍认为只有学习好才是最重要的,认为只有考上大学才能摆脱农村的贫困生活,对于体育究竟有多大学问和学校体育有什么名堂往往不是十分在意。在这种观念的影响下,家长自己参加体育锻炼的情况以及对学生参加体育锻炼的态度也就显而易见了。

我们的调查显示,有高达70%的家长反对学生参加体育运动,仅有10%的学生家长经常参加体育锻炼。进一步调查,我们又发现,这10%参加体育锻炼的人几乎都是农村锣鼓队和秧歌队的民间传统艺人,也包括新疆特殊节假日进行舞蹈的人员。学生选择"不知道"和家庭中"没有一人参加"的占到了71%。可以说,在西北五省(区)农村地区几乎没有家庭体育。在对学校健康亲子活动举办情况的调查中,64.7%的体育教师表示自己学校没有举办过,当然这部分学校的学生家长是无法参与学校体育活动的;有29.9%的学校举办过健康亲子活动,但由于多方面的原因,大部分的学生家长并没有参与。

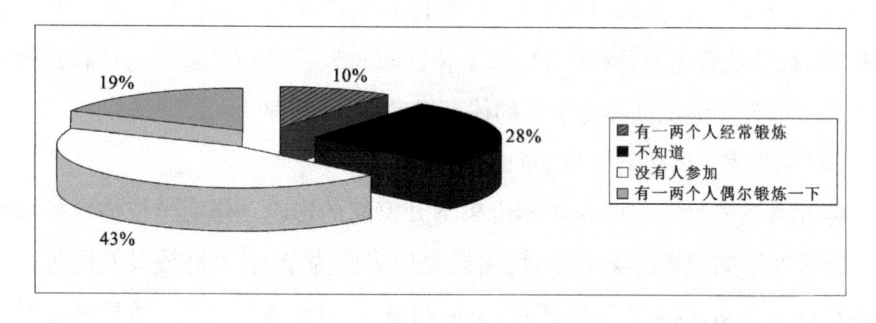

图73　西北五省(区)农村中小学家庭体育锻炼的情况示意图

从这些分析我们可以看出:西北五省(区)农村中小学学生家长对待体育的态度比较淡漠,体育行为比较少,也不支持学生参加体育锻炼。学生家庭体育环境非常差。

(3)学生的体育态度、意识和行为

接受调查的学生中,对于"体育锻炼能强身健体,使我更健康"观点支持的占90.5%,反对的占4.9%;认为"体育锻炼能改善和促进同学之间关系"的人占70.8%,反对的占11.8%;认为"体育运动能使我身心放松、缓解学习压力"的占84.9%,反对的占5.6%;认为"参加体育锻炼是我的权利"的占75.2%,反对的占11.6%;认为"体育课是必修课,学校必须给我们上体育课"的占82.2%,反对的占7.7%。另外,有83.8%的学生表示热爱体育运动,8%的表示一般,只有6.6%的学生表示不喜欢体育运动。87.7%的学生认为每个人都应该经常参加体育锻炼,只有 5.1% 的学生觉得没必要经常锻炼。

在对学生参加体育活动情况进行统计时我们发现,能够在学校内自由时间里经常参加体育活动的学生只有 60.8%,与表示热爱体育运动的学生的比例相差 20 多个百分点。学生在校内自由时间不能参加体育活动的原因依次是:没有体育器材、设备;没有体育场地;学习压力很大,不敢去锻炼;没有时间;没有锻炼的同伴等(如图 74)。

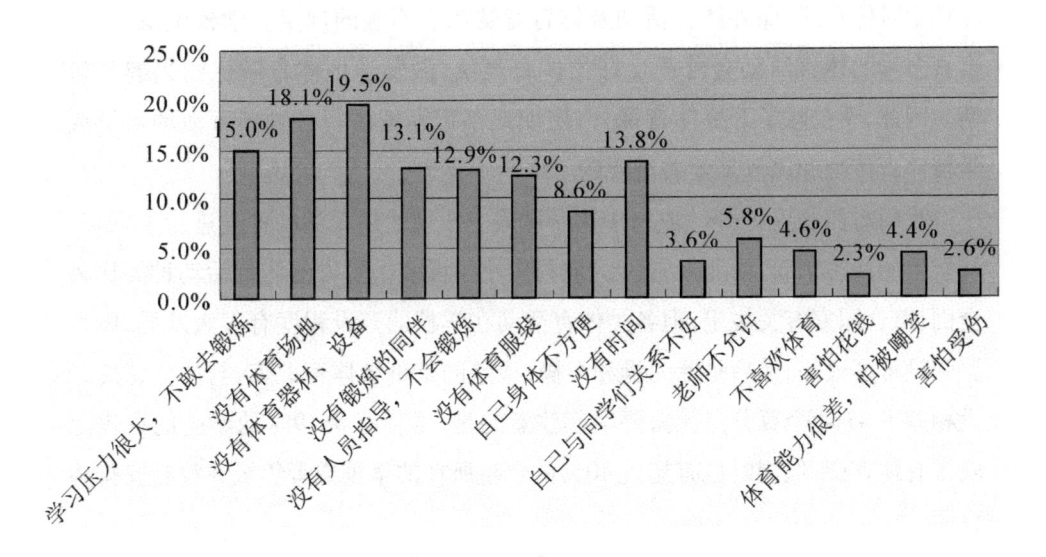

图 74 学生在校内自由时间不参加体育活动的原因调查图

可以看出,西北五省(区)农村中小学生不仅有正确的体育态度、价值观,也有参加体育锻炼的意识和欲望,但体育行为却受到多种因素限制,体育活动数量和质量均受影响。

2. 学校体育传统与风气

学校体育传统和风气是指一个学校在体育方面养成并流行的带有普遍性、重复出现和相对稳定的一种集体行为风尚。它表现出自觉、经常和群体性的基本特征,具有教育、导向、规范约束与辐射的功能。[①] 从心理角度看,一个学校的体育传统与风气能够形成该校集体的心理定势。学校的体育传统与风气会产

---

① 周志俊. 论学校的传统与风气[J]. 体育科学,1995(6):21-23.

生巨大的心理感染气氛,使学生产生积极的情感体验,对体育产生浓厚的兴趣,并激发出他们强烈的学习动机,对体育活动的效果是一个良好的促进。学校体育传统与风气主要包括固定的体育节(周)、体育赛事、传统体育项目等体育活动的开展情况和体育教师的教学风格。

(1)学校体育各项活动开展情况

学校体育实践活动包括体育课和课外体育活动两大类。国家在有关法律法规中对体育课、课外体育活动及体育竞赛都有明确的规定。学校组织、开展丰富多彩的体育活动会营造良好的体育气氛,激发学生体育锻炼的兴趣和热情。因此,学校除了开好体育课外,定期或不定期地举行各种体育活动对形成学校体育传统和风气是至关重要的。

我们对西北五省(区)农村中小学课表上出现的体育活动种类进行了调查。从学生的回答来看,西北五省(区)农村中小学课表上安排的体育活动种类比较全面,符合国家有关规定;但各类体育活动在学校的开设程度有很大差异,体育课开设程度最好,然后是课间操和早操,最差的是班级体育锻炼,与体育课的开设相差了47.2个百分点。需要引起注意的是,尽管有58.9%的学生的课表上安排有体育课,但同时也有超过40%的学生所在的学校或者年级并没有安排体育课。

我们对西北五省(区)农村中小学体育教师和学生进行了体育课与课外体育活动是否能按照课表的安排严格执行的调查,仅有37.9%的体育教师回答能"严格按课表执行"。被调查人员中,22.8%的体育教师、9.1%的学生都认为本校"根本不按课表执行",还有约四分之一的体育教师和三分之一的学生认为本校"基本按课表执行,偶尔会调、停课"。实地走访中我们也发现,西北五省(区)农村很多小学的体育课根本就不存在,大部分中学尤其是初三、高三毕业班的体育课也都是有名无实。

全校运动会作为中小学校最大规模的学校体育活动,以其参与人数多、竞赛项目丰富、趣味性强等特点,积极地吸引着全校师生、员工和学生家长的关注。定期举行全校运动会有利于学校体育传统和风气的形成。西北五省(区)农村中小学能够定期举行全校运动会的学校占总数的73.8%,不定期举行的占23%,从不举行的占4.2%。而教育部要求的校园集体舞的开展情况也参差不齐,目前还有超过五分之一的农村中小学没有开展校园集体舞。从表47中"未填写"人数的比例来看,这些活动在学校的开展不是很好,没有规律,没有形成足够的影响。

表47 西北五省(区)农村中小学园集体舞开展情况的调查统计表(N=344)

选项	本校目前还没有开展	每天在大课间操中开展	每周专门集中时间开展2~3次	不定期开展	其他	未填写
数量	50	87	52	28	0	127
比例(%)	22.3	38.8	23.2	12.5	0	36.9

爬山、远足等集体户外运动可以培养学生的团队意识和吃苦耐劳的意志品质,对西北五省(区)农村中小学进行调查时,57.1%的被调查教师表示其学校从来没有组织过类似活动,37.9%的被调查教师则表示学校举办过此类活动。

课题组还对西北五省(区)农村中小学2005年至2008年举办过的体育竞赛活动进行了统计,调查显示,虽然涉及项目比较丰富,但从举办的学校数量以及频率上看却少得可怜(表48)。

表48 2005年至2008年西北地区农村中小学校举办体育竞赛活动调查统计表

名称	平均次数	排序	名称	平均次数	排序
越野赛	3	4	乒乓球赛	3	4
篮球赛	4	3	羽毛球赛	1	6
足球赛	2	5	跳棋比赛	1	6
跳绳比赛	5	2	踢毽子比赛	3	4
拔河比赛	6	1	广播体操比赛	4	3
风筝比赛	1	6	校园集体舞比赛	2	5
排球赛	3	4	其他比赛	0	0

从上面的分析来看,西北五省(区)农村中小学校体育活动除了体育课、运动会、拔河比赛开展得稍好之外,其余体育活动开展得不够理想,体育活动营造出来的氛围不够浓郁。

统一的运动服装有利于形成学校和班级的运动风气,促进学生归属感的建立,使其积极参与集体体育活动。对西北五省(区)农村中小学的调查结果显示,在参加上面的各项体育活动时,70%以上的学校都有统一的运动服装,如校服、班服等,没有统一服装的学校接近总数的24%;高中学生都有自己的体育服装(表49)。

表49　西北五省(区)农村中小学生体育服装配备情况调查统计表(N=344)

体育服装	小学	初中	高中	合计
没有统一服装	23.15%	28.07%	0.00%	23.94%
每个班级都有统一服装	19.7%	16.67%	15.38%	19.09%
每个年级有统一服装	21.67%	22.81%	30.77%	21.81%
全校有统一服装	35.47%	22.81%	53.85%	31.81%
部分年级部分班级有自己统一的服装	0.00%	9.65%	0.00%	3.33%

(2)体育教师的教学风格

教风是教师在长期教育实践活动中形成的教育教学的特点、作风和风格,是教师道德品质、文化知识水平、教育理论、技能等素质的综合表现。教师只有树立起实事求是、艰苦奋斗、勤政廉政、团结协作、高效严谨、服务周到、细心耐心的工作作风和为人师表、教书育人、治学严谨、认真负责、耐心细致、开拓进取的教风,才能引导和促进学生勤奋学习、积极向上、严谨求实、尊师重教、遵纪守法、举止文明的优良学风的形成。[①]

体育教师与其他任课教师的工作特点存在明显的差异,体育教师的精神风貌、健康状况更容易对中小学生产生直接的影响,更应该受到重视。在对学生的调查中,认为体育教师很精神、健康的占80.6%,认为体育教师不精神、不健康的占7.8%。这一调查结果反映了在学生的心目中,大部分的体育教师的精神和健康状态是令人满意的,并能够起到应有的榜样和示范的作用,但仍有一部分体育教师的状态令人担忧,同时也让人担心他们在学校体育工作中的工作质量情况。

---

① 陈启文.高校校园精神文化环境建设的理性思考[J].未来与发展,2006(11):52-54.

体育教师上课的态度是其教学风气的直接反应。调查显示，79.4%的学生认为体育教师上课的态度很认真，认为体育教师上课态度一般的学生占10%，认为体育教师上课态度很不认真的学生占9%。74.4%的学生认为体育教师对学生很有耐心，11.8%的学生认为体育教师很没有耐心。说明大部分的体育教师教学态度端正，能够认真耐心地指导学生，但仍有相当一部分的体育教师存在着态度不端正，工作不认真、不耐心的问题。

关于体育教师有无殴打、体罚学生现象的调查显示，体育教师表示"个别教师经常有的"比例最高，占37.8%，认为"很多教师经常有"的占4.1%，认为"根本没有"的占35.5%。学生认为"根本没有"的比例最高，为46.2%，认为"个别教师偶尔有"的占27.5%，认为"很多教师经常有"的占4.5%（见图75）。从这一数据看出，在西北地区的农村中小学中，殴打、体罚学生的情况是比较严重的，虽然大部分的情况是个别教师的行为，但已经严重影响了体育教师的社会形象。体育教师简单粗暴的教学方式已经无法适应现代素质教育改革的要求，这种现象如不尽快消除，良好的学校体育的教学风气就不能形成，学校体育精神文化环境的建设就进行不下去，学校教学环境也就无法实现全面的改善。

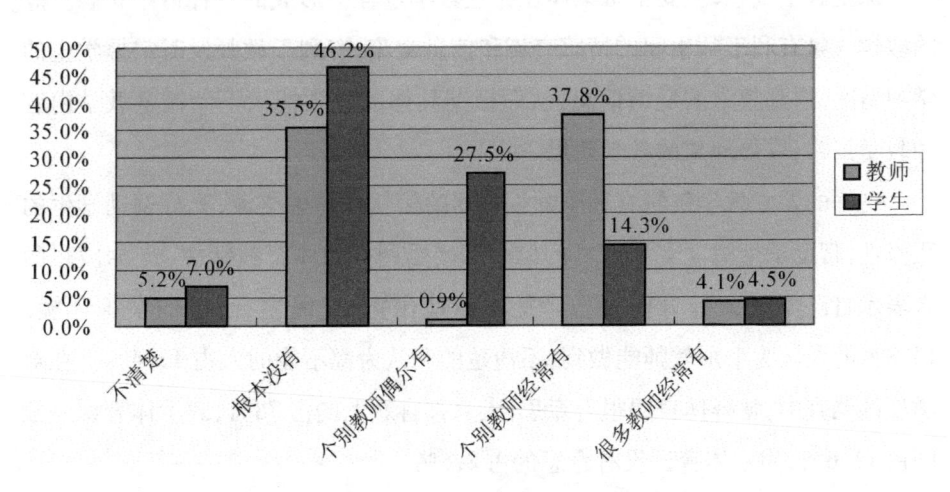

图75　西北五省(区)农村中小学体育教师有无殴打、体罚学生现象调查图

教师水平的高低直接影响学生学习的效果，教师的课堂教学艺术、组织训练活动的能力、知识传授的正确性和深广程度等决定着学生接受信息的范围和

层次。体育教师不仅要有良好的思想道德素质和高度的责任感,还要具有过硬的运动技能、扎实的理论基础、广博的文化知识、较好的表达能力和科研能力,以及开拓创新精神等。①

在对学生的调查中,76.1%的学生表示体育教师在课堂上讲解、示范很清楚,11%的学生认为体育教师讲解示范得不清楚。讲解、示范是体育教师的基本功,标准的示范更是体育教学的重要特点,因此,学校体育教学要求全部体育教师必须具备讲解清楚、示范标准的能力,但现实情况是西北地区农村中小学体育教师中存在讲解、示范不清楚的问题,当然,能力不足是一方面原因,但可能更多的原因是体育教师工作不认真。

76.6%的学生表示体育教师在课堂上教了很多有用的知识,11.3%的学生表示体育教师在课堂上教的知识没用。部分学生认为体育教师教的知识没用,一方面可能是体育教师对所教知识的社会背景、科学依据、实际应用等情况讲解得不够透彻,以至于学生认为没用;另一方面,也是更为严重的,可能是体育教师确实没有教授有用的知识,甚至什么都没教。有时候什么都没教比教了没用的东西(浪费时间、精力)或是教了错误的东西(误导学生)还要好得多。

课堂教学气氛,主要指班集体在课堂教学过程中形成的一种情绪状态。好的教学气氛有利于师生间的情感交流和信息交流,有利于教师及时掌握学生的学习情况,得到教学的反馈信息,从而根据具体的教学情景不断调整教学内容和教学策略,取得理想的教学效果。②

良好的课堂教学气氛有利于师生之间的信任和情感交流,充分调动学生的积极性,帮助学生树立克服困难的信心。接受调查的体育教师中,有54.7%的人表示自己学校大部分体育教师能够营造出宽松、民主、活泼的学练环境,14.8%的人认为个别教师能做到,不清楚的和认为都不能的人占13.4%。在对学生的调查中,觉得体育课很有意思、大家都喜欢上的占78%,表示体育课一般的占11.6%,表示体育课没有意思的占8.6%。

---

① 黄永军.论高校体育环境系统[J].湘南学报,2006,27(2):106-108.
② 贾玉科.山东省高等体育院系教学环境的现状及对篮球教学影响的研究[D].北京:北京体育大学,2006.

上述统计数据表明,大部分体育教师能够有意识地在体育教学中营造良好的课堂教学气氛,而且这种有意识营造的气氛能够被学生所接受并受到感染,使大部分的学生喜欢上体育课,但还有为数不少的体育教师这方面的意识和能力存在缺陷。

3. 体育信息、舆论

从信息论的角度看,体育教学的交流是依靠信息进行的,体育课堂教学过程实际上就是信息交流的过程(包括依赖于信息指导下的身体练习)。学生知识经验的获得,心智的开启,能力的发展,都有赖于体育课堂教学信息的有效传递和交流。从这个意义上来看,体育课堂信息交流活动是体育课堂教学活动的中心,信息交流的成效决定着体育教学活动的效果。研究表明,体育课堂教学信息主要由三类信息构成:第一类是体育知识信息,第二类是体育教学状态信息,第三类是体育教学物质信息。①

从对以上几类信息的分析中不难看出,环境因素在体育课堂信息交流中扮演着重要角色。第一类信息是体育课堂信息交流中的主体信息,它承载着学校体育教学的主要内容,是必须加以保障的信息。第二、三类信息都是体育教学辅助信息,这两类信息都属于环境信息。第二类信息实际上是对体育课堂社会心理环境状态的一种反映,第三类信息则是对体育课堂物质环境状态的反映。作为环境因素,它们从不同的方面保障或干扰着体育知识信息的传递与交流。②

在对体育教师关于学校体育健身等宣传工作情况的调查中,58.9%的体育教师表示其学校做了一定的宣传工作,但宣传内容更新变换得很少,没有及时、定期地更新;13.4%的体育教师认为其学校能够及时地更新变换宣传内容;20.1%的体育教师所在学校从来都没有做过类似的宣传工作。从数据中看出,虽然大部分的学校能够利用信息和舆论来宣传体育知识和文化等,但宣传工作的质量仍需提高,要利用形式多样、内容丰富、及时更新的宣传来吸引学生的注意,培养他们对体育活动的兴趣。

---

① 吴也显.教学论新编[M].北京:教育科学出版社,1991:120.
② 杨刚.普通高校公共体育教学环境的评价研究[D].南京:南京师范大学,2007.

体育舆论在学校体育精神文化环境发展中起着重要的作用。它包括校园内人们在体育活动中的言行举止和开展的各种体育娱乐性、文化性活动，如体育竞赛活动、体育知识讲座、体育文化艺术节、体育歌曲卡拉OK大赛、体育社团活动、体育征文比赛、体育演讲比赛等。体育舆论主要通过师生的活动形态表现出来，是学校日常生活中人们最经常表达的、最直接感受的活动文化形态。由于它处于学校内部环境系统的最表层，因此它更具有开放性。它通过体育文化娱乐活动，借助文娱的特殊魅力和教育手段，对师生员工的思想品德、行为规范、生活方式、专业学习等方面产生着潜移默化的影响，有形或无形地起着育人的作用，使学生受到哲理的启迪、心灵的感悟、情操的熏陶，从而提高他们的辨别是非、善恶、美丑的能力。[①]

在对学校领导的调查中，35.3%的学校有体育活动月（周/日）或体育艺术节，34.1%的学校有体育类知识讲座、培训、演讲、竞赛、征文、绘画、摄影等活动，30.2%的学校有"体育小明星""体育小健将""体育活动标兵"之类的评选活动。从这些数据中可以看出，上述承载学校体育信息、舆论的活动在西北地区农村中小学中开展的比例都不高，那些没有类似活动的中小学在建设学校体育环境时就无法发挥体育信息、舆论在精神文化建设中的重要作用。

图76 新疆喀什某小学体育场地周围的体育宣传图片

[①] 文大稷.高校文化环境对大学生思想政治教育影响研究[D].武汉:华中师范大学,2008.

第四章　西北地区农村中小学体育环境现状分析　◀▷　103

图 77　新疆乌鲁木齐某小学体育场地周围的体育宣传标语

图 78　青海某初级中学体育宣传标语

图 79　青海某小学校内的体育宣传板报

图 80　甘肃嘉峪关某小学体育宣传图画

图 81　甘肃张掖某小学体育场地及周围宣传标语

图 82　陕西渭南某小学体育宣传标语

图83 陕西渭南某小学体育宣传标语

深入人心的体育标语、口号等持续强化的宣传媒介能帮助学生树立正确的体育价值观,提高学生对体育的关注程度。调查显示,学校往往在有重大体育活动时才会重视这些体育宣传媒介的作用,有近30%的领导表示经常会有这类宣传媒介,16.6%的领导表示不清楚和从来都没有(见图84)。对体育教师关于体育学习、锻炼的口号的调查显示,有年级口号的比例最高也仅为28.6%,有校级口号用语的占23.2%,没有任何口号的占19.6%(见图85)。

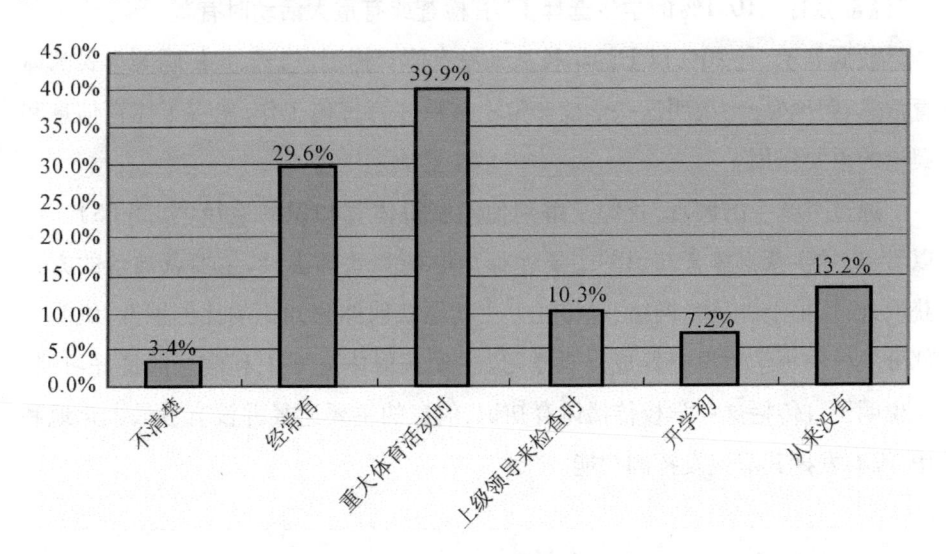

图84 西北五省(区)农村中小学校体育宣传图片、口号和标语使用统计图

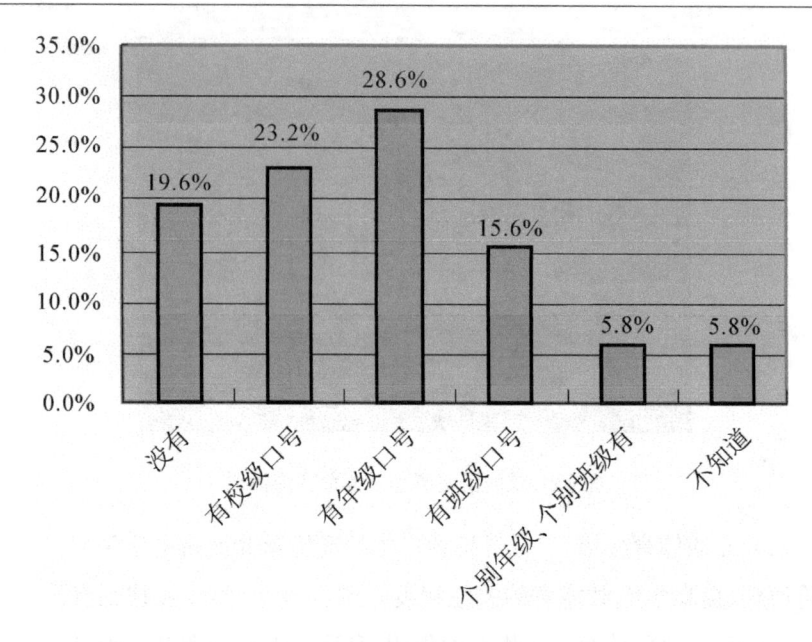

```
35.0%
30.0%                28.6%
25.0%        23.2%
20.0%  19.6%
15.0%                       15.6%
10.0%
 5.0%                              5.8%    5.8%
 0.0%
       没有  有校级  有年级  有班级  个别年级、 不知道
            口号    口号    口号   个别班级有
```

图85　体育学习、锻炼的口号用语情况调查图

关于学校是否有体育标语、宣传海报、漫画的调查显示，29.2%的学生选择了"有时有，有时没有"，26.8%的学生选择了"根本没有"，22.4%的学生选择了"经常会有"，10.1%的学生选择了"有检查或有重大活动时有"。

数据显示，有20%以上的学校从来没有体育标语、口号、宣传画等形式的体育信息、舆论媒介，说明这些学校非常不重视体育宣传工作，忽视了体育信息和舆论的重要作用。

通过对学生的调查，我们了解到他们获得体育知识的途径（如图86）。可以看出，学生获得体育知识的主要途径为电视和老师讲授，主要以被动的方式获取，而从报纸、书籍、网络、宣传栏上主动地获取体育知识的比例偏低，说明大部分农村中小学生没有养成自觉学习、主动获得体育知识和信息的良好习惯；还说明了宣传栏这一学校传播体育知识、信息的主要途径并没有被最大化地利用，没有发挥其应该发挥的功能。

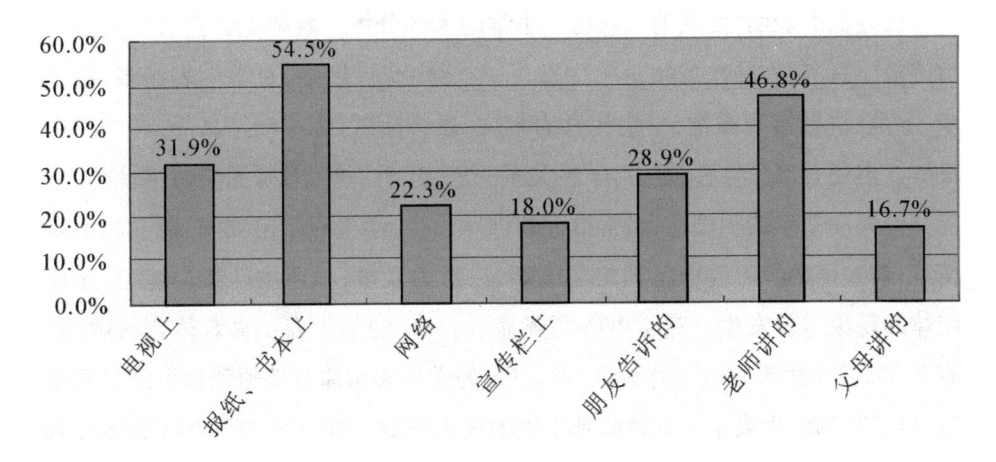

图 86　西北五省(区)农村中小学生获得体育知识的途径调查图

4. 人际关系

人际关系是人与人之间由于交往而产生的一种心理关系,它主要表现人与人之间在交往过程中关系的深度、亲密性、融洽性和协调性等心理方面联系的程度。[①]

《学记》中认为:"独学而无友,则孤陋而寡闻。"这说明,学习过程中的人际交往,人际环境对学生学习的结果有一定的影响。学校作为一种社会组织,其内部必然存在着各种社会交往活动和建立在这些活动的基础上的各种人际关系,它对学校体育活动的影响是直接、具体的。学校人际关系包括学校领导之间的关系、学校领导与教职工之间的关系、教师之间的关系、教师与学生之间的关系、学生与学生之间的关系。良好的学校人际关系有助于广大师生员工达到密切合作。

体育教学过程中的人际交往的本质是人与人之间在交流的过程中,对认知的、人格的、情感的信息的共享,它具有交往性、共有性、群体性的特点。课堂中双方的交流,往往会通过不同的手段和方式,影响并引起另一方的反应或变化,都会努力争取对方的理解,并力图理解和接受对方,从而达到师生之间、同学之间和谐的人际关系。[②]

[①] 陈家麟. 学校心理教育[M]. 北京:教育科学出版社,1995:273.
[②] 周卫. 论体育教学环境的创建与优化[J]. 体育科学研究,2004,8(4):79－81.

调查数据表明,西北地区农村中小学的大部分体育教师能够营造出关系融洽的教学氛围,教师注意倾听学生发言,与学生交流增多,对学生表扬多,批评少,示范、讲授富有激情;学生注意力集中,思维活跃,练习情绪高昂,课堂秩序良好。但还有部分体育教师与学生关系一般,甚至不好,教师课堂情绪低落,不能充分调动学生的积极性,经常批评和训斥学生,学生显示出郁闷、懒散和不安情绪,对教师的练习要求感到焦虑厌烦,注意力涣散,不愿主动参与练习,违反纪律的现象时有发生。对学生的调查显示,77%的学生表示喜欢体育教师,只有9.3%的学生不喜欢体育教师。74.3%的学生表示体育教师和学生的关系融洽,11.3%的学生表示体育教师和学生的关系不好。78.1%的学生认为体育教师能对所有学生一视同仁。70.8%的学生认为体育锻炼能改善和促进同学之间的关系。

这些数据表明,西北五省(区)农村中小学大多数体育教师能够一视同仁地对待学生,给其均等的学习、练习、竞争的机会。这样比较有利于帮助学生相互促进,共同提高,建立和谐的人际关系。同时,大部分的学生认为体育锻炼能改善和促进同学之间的关系,有利于学生群体之间和群体内部的相互影响,产生参与体育锻炼活动的协同行为。

概括来讲,学校体育传统和风气、学生及周围人群的体育意识、态度和行为、体育教师的教学习惯和风气等构成了学校体育精神文化环境。学校领导和体育教师对于西北五省(区)农村中小学校体育精神文化环境的主观评价还有一定的差异。认为自己学校经常能够有浓郁的体育活动气氛的体育教师只占8.9%,41.5%的体育教师认为有重大体育活动时气氛较浓,31.7%的体育教师认为有领导检查时的气氛较浓(见图87)。而60.4%的学校领导认为自己学校的体育活动气氛比较浓,26.7%的学校领导认为学校体育活动气氛一般,8.3%的学校领导认为学校体育活动气氛不太浓,3.4%的学校领导认为学校体育活动气氛非常差。这些评价说明西北五省(区)农村中小学体育精神文化环境比较差,学校的领导者、教育者还需要做出巨大的努力促使西北地区中小学校体育活动浓郁气氛的形成。

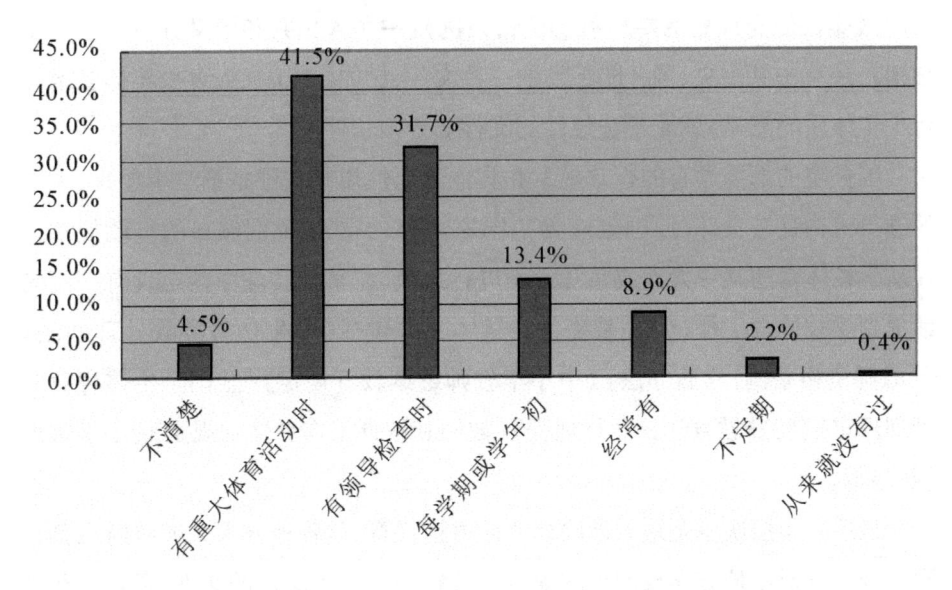

图 87　关于学校产生浓郁的体育活动气氛时间的调查统计图

(五)西北地区农村中小学体育制度环境分析

我们从学校体育相关法律法规的制定、实施及监管三个方面来对西北地区学校体育制度环境进行分析。

1. 学校体育相关法律法规制定、完善情况

根据制定主体及约束力的不同,我们把和学校体育相关的法律法规分为四个层次:第一,法律层次;第二,国务院制定的行政法规层次;第三,国务院部委颁布的行政规章和其他部门性规范文件层次;第四,地方性法规和地方性规章层次。

迄今为止,我国还没有一部以学校体育直接命名的法律级别的行为规范。现有学校体育方面的法律仅有《中华人民共和国体育法》一部,该法的第三章直接规定了学校体育的有关方面,涉及内容共有 7 条。至于《中华人民共和国义务教育法》《中华人民共和国教师法》《中华人民共和国未成年人保护法》《中华人民共和国高等教育法》等法律,并没有专门针对学校体育的内容,只是在其中涵盖学校体育方面的因素。

我国国务院制定的教育行政法规包括《学校体育工作条例》《学校卫生工作

条例》《全民健身计划纲要》《教师资格条例》《中华人民共和国义务教育法实施细则》，还有中共中央、国务院下发的一些文件，比如《关于加强青少年体育增强青少年体质的意见》就属于法规性的文件。

国务院的部委颁布的行政规章和其他部门性规范文件是第三个层次，主要的颁行机构是教育部（原国家教委）、国家体育总局等，他们颁布的行政规章往往从学校体育的某一方面或某几方面进行规范，在某些文件中甚至仅有一两句话提到学校体育工作，欠缺系统化。具体文件包括《学生伤害事故处理办法》《〈教师资格条例〉实施办法》《中小学教师继续教育规定》《全国学生体育竞赛管理规定》《特殊教育学校暂行规程》《教师和教育工作者奖励规定》《小学管理规程》等。

最后一个层次就是地方性法规和地方性规章，是各地方人大或政府在其权限范围内针对本地方学校制定的规范。各省关于这个层面的文件、资料是非常丰富的，例如陕西省的《陕西省实施〈中华人民共和国义务教育法〉办法》《陕西省实施〈中华人民共和国教师法〉办法》《陕西省中小学保护条例》《陕西省教育厅、陕西省财政厅、陕西省人事厅、陕西省机构编制委员会办公室关于印发〈陕西省2007年农村学校教师特设岗位计划实施办法〉的通知》等；甘肃省的《甘肃省义务教育条例》《甘肃省教育厅关于举办甘肃省第二届中学生运动会有关项目设置的预通知》等；新疆维吾尔自治区实施的《新疆维吾尔自治区实施〈中华人民共和国教师法〉若干规定》《新疆维吾尔自治区实施〈中华人民共和国义务教育法〉办法》等。

在以上四个层面的法律法规中，专门针对农村中小学体育的内容就更少了，最具有直接针对性的仅有一个：2002年原国家教委体育卫生与艺术教育司制定的《关于加强农村学校体育卫生工作的几点意见》。

分析上述西北地区以及我国学校体育相关的法律法规，本研究认为，虽然西北地区以及我国农村学校体育有一些法律条款、政策法规作指导，但现有法律法规存还存在一些问题，具体可概括为以下几点：

第一，没有专门的学校体育法律，立法欠缺。涉及农村中小学体育的法律规范更少。现有规范主要集中在行政法规、行政规章，地方性法规和地方性规章等方面，整体法律位阶较低，法律效力也较低。

第二，现有部分规范存在不协调不统一的情形，影响其在实践中的实际执行和实施效果。有一部分仍然用"条例"的名称（国务院规定部门法规不得称"条例"）；而且有的法规用了"暂行""试行"的名称，有的已用了十几年，长时期"试用"，既不进行修订也不作为正式法规发布，降低了法规应有的效力和权威。

第三，学校体育立法体系尚不完备。从适用范围来看，总体上相对狭窄，调整学校体育系统内部关系的法规，占了很大比重，学校体育社会化方面的法规基本没有。[1] 在西北农村中小学，这些表现尤为突出。首先，虽然我国立法在二十多年里有了长足进展，但是关于中小学体育的法律法规在内容上仍然不够完善，导致实践中很多涉及学校体育方面的内容无法可依。例如，现有学校体育立法对保护学生学校体育权利的规定仍不够用。作为独立的民事主体，中小学生依法享有宪法、民法等实体法中规定的所有权利；作为受教育者，中小学生依法享有学生的特殊权利。法律应当充分保障作为受教育权内容的学生体育权，但立法在学生体育财产权、学生体育人身权、学生体育救济权等方面的保护较少。其次，有关侵害学校体育权所应承担的法律责任的规定欠缺，可操作性不强。虽然立法规定要保障体育活动的时间、经费、场地等，但在现实中，这方面的侵权发生时，却无法可依，或者虽有法规，但可操作性不强。针对学生在学校体育活动中发生伤害事故应当如何承担法律责任，教育部在2002年颁布《学生伤害事故处理办法》，但是由于该办法并非法律，并且对体育活动中发生伤害事故的责任承担缺乏细节规定，因而难以运作，导致很多学校怕出现体育事故而缩减体育活动实践和内容，降低学生体育活动难度，以免发生伤害事故而脱不了干系。再次，有关学校体育活动的现有立法相对较为陈旧，难以适应体育活动的发展需要。国务院1990年颁布的《学校体育工作条例》至今未作任何修改，还保留有"国家教育委员会""粮食定量"等早已过时的内容。而且现在《中华人民共和国民办教育促进法》已经正式颁布实施，民办教育发展很快，已经成为我国教育的重要组成部分，《学校体育工作条例》实施的主体明显未包括他

---

[1] 沈建华,孙海春,龚文浩.我国学校体育法制建设的回顾与展望[J].体育科研,2000, 21(1):11.

们，而此条例目前仍是各级各类学校体育的主要行政法规。

2.学校体育相关法律法规的贯彻和实施

执法活动对学校体育相关法律法规在实践中的贯彻和实施非常重要，没有切实的执法活动，所有立法内容都只是空谈，更谈不上保障学校体育关系各主体的合法权益。

在我国农村，学校体育相关法律的执法状况堪忧。虽然法律中规定要保证学生体育权利，开设体育课，让学生每天至少有一小时活动时间。从前面的分析可以看到，在西北地区农村中小学，体育课不能正常开设，每天的体育活动时间没有保障，体育教师师资数量不能满足教学需要，男女教师比例不符合法律规定，学校体育经费难以保证，体育场地、器材设施严重不足，体育教师的进修培训、服装补贴、工作量计算、福利待遇等合法权益难以维护等现象比比皆是。

（1）法律法规中关于体育课、课外体育活动的要求以及执行情况

体育课、课外体育活动是学校体育工作的重点内容，国家在有关法律法规中有明确规定。《学校体育工作条例》第七条规定：学校应当根据教育行政部门的规定，组织实施体育课教学活动。普通中小学校、农业中学、职业中学、中等专业学校各年级和普通高等学校的一、二年级必须开设体育课。普通高等学校对三年级以上学生开设体育选修课。2002年6月，《教育部关于加强农村学校体育卫生工作的几点意见》中提出："到2005年农村中、小学校必须按照基础教育新课程标准的要求，开足开齐体育课，并不断提高教学质量。"2007年《中共中央、国务院关于加强青少年体育增强青少年体质的意见》中提到："确保学生每天锻炼一小时。中小学要认真执行国家课程标准，保质保量上好体育课，其中小学1—2年级每周4课时，小学3—6年级和初中每周3课时，高中每周2课时；没有体育课的当天，学校必须在下午课后组织学生进行一小时集体体育锻炼并将其列入教学计划；全面实行大课间体育活动制度，每天上午统一安排25—30分钟的大课间体育活动，认真组织学生做好广播体操、开展集体体育活动；寄宿制学校要坚持每天出早操。"此外，教育部还决定从2007年开始，结合《学生体质健康标准》的全面实施，在全国各级各类学校中广泛、深入地开展全国亿万学生阳光体育运动，并且开始实施中

小学校园集体舞,全国所有中小学生每天大课间和课外集体锻炼时间,都必须跳校园集体舞。将学生课外活动纳入教育计划,形成制度。学校运动训练和竞赛也是学校课余体育的重要组成部分。《国家教委关于印发〈农村教育综合改革实验县贯彻《学校体育工作条例》和《学校卫生工作条例》的意见〉的通知》中提出:"县重点中、小学要积极开展课余体育训练,尽可能成立1-2项本校传统体育项目的代表队,提高学生运动技术水平;其他学校可根据条件开展课余体育训练工作。县、乡一般每年举行一次、各学校每年举行1至2次以田径项目为主的全县(乡、校)性运动会。"

《中华人民共和国体育法》第二十条规定:"学校应当组织多种形式的课外体育活动,开展课外训练和体育竞赛,并根据条件每学年举行一次全校性的体育运动会。"《学校体育工作条例》第十二条规定:"学校应当在体育课教学和课外体育活动的基础上,开展多种形式的课余体育训练,提高学生的运动技术水平。有条件的普通中小学校、农业中学、职业中学、中等专业学校经省级教育行政部门批准,普通高等学校经国家教育委员会批准,可以开展培养优秀体育后备人才的训练。"第十三条规定:"学校对参加课余体育训练的学生,应当安排好文化课学习,加强思想品德教育,并注意改善他们的营养。普通高等学校对运动水平较高、具有培养前途的学生,报国家教育委员会批准,可适当延长学习年限。"第十四条规定:"学校体育竞赛贯彻小型多样、单项分散、基层为主、勤俭节约的原则。学校每学年至少举行一次以田径项目为主的全校性运动会。"第十五条规定:"全国中学生运动会每3年举行一次,全国大学生运动会每4年举行一次。特殊情况下,经国家教育委员会批准可提前或者延期举行。国家教育委员会根据需要,可以安排学生参加国际学生体育竞赛。"第十六条规定:"学校体育竞赛应当执行国家有关的体育竞赛制度和规定,树立良好的赛风。"《农村体育工作暂行规定》第二十二条规定:"学校应当每年至少举办一次全校性体育运动会,经常举办各种小型体育竞赛及活动。应当坚持课外体育活动制度,保证学生课外体育活动时间,组织好各类体育代表队和课外体育小组,开展经常性的体育锻炼和课外运动训练,提高课外体育活动的组织化、科学化水平。"西北五省(区)农村中小学课表上安排的体育活动种类比较全面,符合国家有关规定;但各类体育活动在学校的开设程度有很大差异,体育课开设程度最好,然后是课间操和早操,最差的是班级体育锻炼。体育课、课外体育活动不能按照课表的安排来执行的学校比例很高。很多小学的体育课根本就不存在,大部分中学,尤其是初三、高三毕业班的体育课,也都是有名无实。课外体育活动的开展也是参差不齐,有超过五分之一的学校没有开展教育部要求的校园集体舞;体育竞赛从涉及项目上来讲比较丰富,但从举办的学校数量以及频率上看却少得可怜;大部分中小学校都能够依规定每年举办一次全校性运动会,但其他项目、其他级别的竞赛活动举办比较少。

(2)法律法规中关于学校体育场馆、设施的要求,以及西北五省(区)的执行情况

《国家教委关于印发〈农村教育综合改革实验县贯彻《学校体育工作条例》和《学校卫生工作条例》的意见〉的通知》中指出:"各学校要按照国家或地方颁布的中小学体育器材设施、卫生室器械与设备配备标准的要求,配备相应的器材、器械和设备,并充分发挥其使用效率。继续发扬艰苦奋斗的精神,大力提倡自力更生,就地取材,自制体育器材,修建运动场地。自制体育器材设施要坚固耐用,安全可靠。学校应当制定体育场地、器材、设备的管理维修制度,并由专人负责管理。"《学校体育工作条例》第二十条规定:"学校的上级主管部门和学校应当按照国家或者地方制订的各类学校体育场地、器材、设备标准,有计划地逐步配齐。学校体育器材应当纳入教学仪器供应计划。新建、改建学校必须按照有关场地、器材的规定进行规划、设计和建设。在学校比较密集的城镇地区,逐步建立中小学体育活动中心,并纳入城市建设规划。社会的体育场(馆)和体育设施应当安排一定时间免费向学生开放。"第二十一条规定:"学校应当制定体育场地、器材、设备的管理维修制度,并由专人负责管理。任何单位或者个人不得侵占、破坏学校体育场地或者破坏体育器材、设备。"《农村体育工作暂行规定》第十六条规定:"县、乡镇、居委会应当为儿童青少年开辟校外体育活动场所,建设儿童青少年体育活动中心或体育俱乐部,丰富学生校外生活。"《教育部关于加强农村学校体育卫生工作的几点意见》中也指出:"各地应加大对学校体育、卫生和健康教育的投入,保证场地、设施能够满足体育、卫生和健康教育的教学需要。2005年前,中心小学以上学校(含中心小学)要按照国家器材配备

标准,配齐体育、卫生和健康教育的器材。农村小学应有基本满足教学需要的场地和器材。要积极倡导和鼓励学校和学生在保证安全的情况下,因地制宜、修旧利废,自制体育器材。"

调查数据显示,西北地区许多农村中小学校体育场地、器材设施不仅数量严重不足,质量不高,而且现有的场地器材设施也因为被挪用或不能对学生开放使用而限制、影响着学生的体育活动。现有场地面积也根本达不到教育部规定的人均4平方米的标准。超过60%的学校领导都认为自己学校的体育场地(馆)、器材设备无法满足学生体育活动需求。接受调查的学生中,有36.5%的人认为影响、限制其在校内外参加体育活动次数和质量的客观因素是缺乏体育场地,45.1%的学生认为是缺乏体育器械、设备。

(3)法律法规中关于学校体育经费的要求以及西北五省(区)的执行情况

《国家教委关于印发〈农村教育综合改革实验县贯彻《学校体育工作条例》和《学校卫生工作条例》的意见〉的通知》中提出:"县、乡(镇)人民政府在安排年度学校教育经费时,应当安排一定数额的体育卫生经费;县、乡(镇)教育行政部门和学校应把体育卫生经费列为专项经费,保证用于学校体育卫生工作。县体育部门在经费上应当尽可能对学校体育工作给予支持。"《中华人民共和国体育法》第四十条规定:"县级以上各级人民政府应当将体育事业经费、体育基本建设资金列入本级财政预算和基本建设投资计划,并随着国民经济的发展逐步增加对体育事业的投入。"第四十一条规定:"国家鼓励企业事业组织和社会团体自筹资金发展体育事业,鼓励组织和个人对体育事业的捐赠和赞助。"第四十二条规定:"国家有关部门应当加强对体育资金的管理,任何组织和个人不得挪用、克扣体育资金。"《学校体育工作条例》第二十二条规定:"各级教育行政部门和学校应当根据学校体育工作的实际需要,把学校体育经费纳入核定的年度教育经费预算内,予以妥善安排。地方各级人民政府在安排年度学校教育经费时,应当安排一定数额的体育经费,以保证学校体育工作的开展。国家和地方各级体育行政部门在经费上应当尽可能对学校体育工作给予支持。国家鼓励各种社会力量以及个人自愿捐资支援学校体育工作。"

调查显示,西北五省(区)农村学校教育经费来源主要依赖于国家财政拨款,政府工作计划中有关于教育的经费预算,但几乎都没有学校体育的专门款项。各学校在体育经费的投入和开支水平上参差不齐,但体育器材的购置和组织体育竞赛活动两项占据了年度体育开支的绝大部分(表50),用于其他体育活动的经费几乎所剩无几。在被调查的西北地区农村中小学中,有47.9%的学校体育经费数量不足(表51)。有45.5%的体育教师认为缺少体育活动的经费是目前影响学生参加体育活动的重要因素之一。

表50　西北地区接受调查的农村中小学年度体育经费投入和开支统计表

年度	年度投入平均值(元)			年度体育开支(元)					
	教育经费	体育经费	生均体育经费	体育器材	业余训练	竞赛活动	体育日常开支	教师进修	其他
2005	12682	1303	13	657	94	336	97	73	3
2006	13291	1599	13	733	169	434	104	63	37
2007	20161	2152	14	970	151	457	140	95	32
2008	20895	2581	17	1663	289	841	393	105	465
合计	22432	3548	36	1862	206	1575	319	91	607

表51　西北地区农村中小学体育教师对本校学校体育经费的评价情况统计表(N=344)

态度	不清楚	非常充足	比较充足	刚好	有些欠缺	严重不足	未填写
数量	39	27	77	28	92	73	8
比例(%)	11.3	7.8	22.4	8.1	26.7	21.2	2.33

(4)法律法规中关于学校体育师资的要求及西北五省(区)的执行情况

《学校体育工作条例》规定,学校应当在各级教育行政部门核定的教师总编制数内,按照教学计划中体育课授课时数所占的比例和开展课余体育活动的需要配备体育教师。除普通小学外,学校应当根据学校女生数量配备一定比例的女体育教师。《国家学校体育卫生条件试行基本标准》中规定,小学1~2年级每5~6个班配备1名体育教师,3~6年级每6~7个班配备1名体育教师;初中每6~7个班配备1名体育教师;高中(含中等职业学校)每8~9个班配备1名体育教师。农村200名学生以上的中小学校至少配备1名专职体育教师。按照教育部《中学体育器材设施配备目录》《小学体育器材设施配备目录》中中小学体育教学班级"中学48人,小学40人"的具体标准来算,在初中阶段,每5个班应当配备一名体育教师,那就意味着每240名学生就应当配备一名体育教师。

然而调查显示,西北地区农村体育教师严重缺编,与国家的配备标准相差甚远;且男女比例失调,也没有达到专家建议的比例。有30.8%的被调查学校没有专职体育教师,有17.2%和28.5%的体育教师认为本校体育教师人数"非常紧张"或"比较紧张"(表52)。

表52 西北农村中小学体育教师对本校体育教师数量的评价统计表(N=344)

态度	不清楚	非常充足	比较充足	刚好	比较紧张	非常紧张	未填写
数量	10	48	70	55	98	59	4
比例(%)	2.9	14	20.3	16	28.5	17.2	1.2

从体育教师的学历和职称等专业技术层面来看,西北地区农村中小学配备的体育教师基本符国家对体育教师在学历、教师资格以及职称上的要求,但仍有部分学校体育教师在专业技术水平上较为欠缺,兼职体育教师仍然存在,一些小学还有包班现象存在,由没有进行过专业技术方面的学习和培训的班主任承担着本班的体育课。38.8%的体育教师认为体育教师的专业水平较低是目前影响学生参加体育活动数量和质量的因素。

面对不能胜任体育教学的状况,体育教师非常希望有机会接受体育教学方面的专业技术培训。《中华人民共和国教育法》《中华人民共和国教师法》《学校体育工作条例》等相关法律规范中都规定应当保障体育教师的进修培训权,《中华人民共和国义务教育法》第三十二条规定:"县级以上人民政府应当加强教师培养工作,采取措施发展教师教育。县级人民政府教育行政部门应当均衡配置本行政区域内学校师资力量,组织校长、教师的培训和流动,加强对薄弱学校的建设。"《国家教委关于印发〈农村教育综合改革实验县贯彻《学校体育工作条例》和《学校卫生工作条例》的意见〉的通知》中专门提到:"要通过选拔代培、函授学习、脱产进修、短期培训、巡回辅导等多种形式提高体育教师,尤其是兼职体育教师的思想和业务素质。"调查结果表明,49.4%的被调查学校并没有体育教师的引进、培训计划;从2005年至2008年底,只有31.7%的教师表示体育组所有教师都接受过至少一次教师职业技能培训,43.3%的教师否认接受过技能培训,绝大多数体育教师尚没有接受过教育部组织的中西部农村义务教育学校教师国家级远程培训等培训。

关于体育教师的福利待遇,在《中华人民共和国教育法》《学校体育工作条例》等多部法律法规中都有规定。《中华人民共和国教师法》不但规定教师有权"按时获取工资报酬,享受国家规定的福利待遇以及寒暑假期的带薪休假",而且规定"教师的医疗同当地国家公务员享受同等的待遇;定期对教师进行身体健康检查,并因地制宜安排教师进行休养。医疗机构应当对当地教师的医疗提供方便。""教师退休或者退职后,享受国家规定的退休或者退职待遇。县级以上地方人民政府可以适当提高长期从事教育教学工作的中小学退休教师的退休金比例。"《中华人民共和国义务教育法》第三十一条规定:"各级人民政府保障教师工资福利和社会保险待遇,改善教师工作和生活条件;完善农村教师工资经费保障机制。教师的平均工资水平应当不低于当地公务员的平均工资水平。特殊教育教师享有特殊岗位补助津贴。在民族地区和边远贫困地区工作的教师享有艰苦贫困地区补助津贴。"《中华人民共和国体育法》第二十一条规定:"学校应当按照国家有关规定,配备合格的体育教师,保障体育教师享受与其工作特点有关的待遇。"《教育部关于加强农村学校体育卫生工作的几点意见》中也表示要切实关心体育教师的福利待遇。农村体育教师的工作环境特殊、艰苦,因而规定的福利待遇必须保障。这些法律法规规定了体育教师的福利待遇标准,并要求切实保障体育教师的福利待遇,此外,依据平等权,体育教师的福利待遇应与其他学科教师相同。然而,这些规定在西北地区农村中小学中的执行情况并不如人意,体育教师工资被拖欠、不能享受服装津贴、不能与其他教师同工同酬等现象时有发生。

3. 学校体育执法监督、检查情况

我国的法律法规对体育执法监督也有严格的规定。《中华人民共和国体育法》第二十三条规定:"学校应当建立学生体格健康检查制度。教育、体育和卫生行政部门应当加强对学生体质的监测。"《中共中央 国务院关于加强青少年体育增强青少年体质的意见》指出,要加强领导,齐抓共管,各级政府和教育部门要加强对学校体育的督导检查。建立对学校体育的专项督导制度,实行督导结果公告制度。制定国家学校体育卫生条件基本标准,加大执法监督力度。通过制定国家学校体育卫生条件基本标准,进一步明确国家对各级各类学校体育场地、器材设施、卫生条件和师资的基本要求。各级政府要认真贯彻执行义务教育法和学校体育卫生工作法律法规,并加强督促检查。对学校体育卫生基本条件不达标的,要限期整改。2008年,《教育部关于印发〈中小学体育工作督导评估指标体系(试行)〉的通知》,专门就中小学体育工作开展的各项评估指标作了规定,要求对各地中小学体育工作进行专项督导检查。《国家教委关于印发〈农村教育综合改革实验县贯彻《学校体育工作条例》和《学校卫生工作条例》的意见〉的通知》专门指出从县政府、县教育行政部门到乡(镇)文教办、县乡中小学都要有专门机构和专人负责学校体育卫生工作,加强学校体育卫生工作的监督检查。

在体育工作管理、指导、检查方面,《学校体育工作条例》第二十三条规定:"各级教育行政部门应当健全学校体育管理机构,加强对学校体育工作的指导和检查。学校体育工作应当作为考核学校工作的一项基本内容。普通中小学校的体育工作应当列入督导计划。"第二十四条规定:"学校应当由一位副校(院)长主管体育工作,在制定计划、总结工作、评选先进时,应当把体育工作列为重要内容。"《国家教委关于印发〈农村教育综合改革实验县贯彻《学校体育工作条例》和《学校卫生工作条例》的意见〉的通知》提出,要充分发挥县政府对学校体育卫生工作的领导和协调作用。成立以主管县长为组长,教育、体育、卫生等部门领导参加的学校体育卫生工作领导小组,加强对该项工作的领导,协调各部门间的关系,为该项工作的开展解决实际问题。县教育行政部门要设立体育卫生管理机构,或配备专职干部。乡(镇)文教办要设专职或兼职干部分管学校体育卫生工作。县、乡中小学要成立以主管校长为组长,教务、总务部门及体育教师、校医参加的学校体育卫生工作领导小组,负责学校体育卫生工作;规模较小的学校由校长负责管理体育卫生工作。实际调查中我们发现,西北地区农村中小学在监督执法方面力度不够。许多学校缺乏有关处罚的内容,对学校体育的实施也缺乏必要的监督和保障。许多农村学校尤其是边远贫困地区小学的体育工作处于瘫痪状态却无人问津,学生的体育教育权利根本无法保障。

通过对西北五省(区)农村中小学体育制度环境的分析,我们认为西北五省

(区)现行涉及农村中小学体育的法律法规包括了国家法律、政策制度以及地方性的法规制度,涵盖了学校体育各方面的不同因素;中小学校领导、教师、学生普遍能够感受到法治的重要性,也希望通过体育法律促进中小学校体育的健康发展,但是客观条件导致体育法律规定的权利很难得到保障,这在一定程度上影响着西北地区农村依法治体的发展。由于西北地区地方性法规还有待进一步完善,各级领导对体育工作的重视度还有待加强,同时,学校体育法规的实施还需要更有力的监督和保证。我们能够清楚地看到,由于应试制度和过于片面地追求升学率的影响,一些地区和学校仍然存在严重的"重智育,轻体育"的现象,西北地区农村中小学生体质健康的改善与中央文件提出的工作目标还有很大差距。

可以看出,目前西北地区农村学校体育法规制度环境不够完善。学校体育法规从纵向立法层级上看,立法法律位阶较低,从横向立法范围上看,涉及面较窄,内容尚不完备,可操作性不强。

第五章　西北地区农村中小学体育环境的优化

一、西北地区农村中小学体育环境的影响因素分析

(一)人口自然状况

和东部、中部地区相比,西北地区地域广袤,自然地理环境比较复杂,高山、平原、草原较多。对于农村来讲,多是处于海陆空交通条件差的边远地区,不利于教育的普及开展。

同时,西北地区尤其是新疆、宁夏、青海属于少数民族聚集较多的地区,不同的民族习俗和观念形成了不同的教育观念,再加上语言的障碍,政府普及教育的难度比较大。因此,西北地区农村人均接受教育程度不仅远远低于国家平均水平,同时也远远低于西北地区城市平均水平。另外,国家在生育政策上对少数民族有一定的照顾和倾斜,西北地区农村居民中多子女现象比较普遍。上述三方面的原因就决定了西北地区未来对学校教育和社会教育的需求量比较大。这些需求对于教育资源本来就不丰富的西北农村地区来讲,将是一个不小的制约因素。作为学校教育重要组成的学校体育,其环境的发展和优化必然会受到这些矛盾和因素的牵扯。

(二)经济发展水平

经济是教育发展的基础。一个国家或者地区经济发展得越好,其对教育的投入比例及绝对值就越高。通过前面的分析可以知道,西北地区的经济实力和中、东部地区有着巨大的差距;而西北地区的农村与城市之间又有着较大的差距。没有足够的经济基础作支撑,学校教育就捉襟见肘,难顾周全。处于"不被重视"位置的学校体育,得到政府投入的比例就少得可怜,甚至是零。这样的经济条件对于学校体育环境中的很多方面都会产生较大影响:由于缺少经费,学校体育场地、器材设施严重短缺;由于工资、福利待遇不能兑现,很多学校没有配备体育教师,无法留住体育教师;由于缺少体育经费,学校体育竞赛、课外体育活动无法组织开展……而这些问题又使得制度环境受到影响,无法发挥应有的作用。因此,经济发展水平是影响西北五省(区)农村中小学体育环境的一个关键因素。

(三)教育观念

长期以来,封建社会"重文轻武"的思想遗毒在我国一直存在,它对人们教育观念、行为的影响非常明显。对于有着厚重民族历史文化的西北地区来讲,不仅农村居民的这种思想意识根深蒂固,难以改变,就是学校领导、教师及社会其他人员的观念里,"重智轻体"仍然占主导地位。在这种观念的影响下,"跳农门"成了学校教育的主要价值取向,学校、家长乃至学生本人都是"智育"至上,其他教育无暇顾及,体育因与"跳农门"无关而被弃之脑后,对于体育的各种投资就无从说起。

(四)制度、体制问题

我国政府公共政策、教育制度、体制的偏差是造成西北地区城乡之间资源配置不均衡,农村学校体育环境差的客观原因。

由于受长期城乡分割形成的二元经济结构体制的影响,在制度安排和政策层面上,我国存在着重工业和城市、轻农业和农村的倾向。这使得农村教育资源匮乏、流失严重。近年来实施的"撤点并校"活动使城乡之间差距更为明显。

这些年，国家通过"希望工程""春蕾工程"等一系列的措施，使西北地区农村学校教育资源紧张情况有所缓解，但是社会教育资源严重不足的现象还没有明显改善。

过去，体育分数不计入升学总分，对升学没有任何影响；近年来国家在不断调整考试方案，体育逐渐被纳入中考、高考范畴，学校体育逐渐被人们重视。但是实际上，中考、高考制度对体育分数的要求太低，且各级主管部门对体育考试的监管不到位，远不如中考、高考那么重视。因此，近年来学校体育的地位有所提升，但并没有得到根本性的改变。

二、西北地区农村中小学体育环境优化目标

（一）西北地区农村中小学体育环境优化目标提出的依据

1.《国家中长期教育改革和发展规划纲要（2010—2020年）》

2010年，党中央、国务院召开了新世纪第一次全国教育工作会议，发布了《国家中长期教育改革和发展规划纲要（2010—2020年）》（以下简称《教育规划纲要》），《教育规划纲要》指出当前我国教育体制机制不完善，学校办学活力不足；教育结构和布局不尽合理，城乡、区域教育发展不平衡，贫困地区、民族地区教育发展滞后；教育投入不足，教育优先发展的战略地位尚未得到完全落实。在党和国家工作全局中，必须始终坚持把教育摆在优先发展的位置。把促进公平作为国家基本教育政策。教育公平是社会公平的重要基础。教育公平的关键是机会公平，基本要求是保障公民依法享有受教育的权利，重点是促进义务教育均衡发展和扶持困难群体，根本措施是合理配置教育资源，向农村地区、边远贫困地区和民族地区倾斜，加快缩小教育差距。教育公平的主要责任在政府，全社会要共同促进教育公平。坚持教育的公益性和普惠性，到2020年，要形成惠及全民的公平教育，要保障公民依法享有接受良好教育的机会。建成覆盖城乡的基本公共教育服务体系，逐步实现基本公共教育服务均等化，缩小区域差距。

《教育规划纲要》对不同学段提出了具体的发展任务，其中第四章提出"建

立国家义务教育质量基本标准和监测制度。严格执行义务教育国家课程标准、教师资格标准。深化课程与教学方法改革,推行小班教学。配齐音乐、体育、美术等学科教师,开足开好规定课程"等措施来"巩固提高九年义务教育水平"。通过"建立健全义务教育均衡发展保障机制。推进义务教育学校标准化建设,均衡配置教师、设备、图书、校舍等资源"措施来推进义务教育均衡发展,并强调要"在财政拨款、学校建设、教师配置等方面向农村倾斜""加大对革命老区、民族地区、边疆地区、贫困地区义务教育的转移支付力度。鼓励发达地区支援欠发达地区"。在第九章提出,要重视和支持民族教育事业。全面提高少数民族和民族地区教育发展水平。公共教育资源要向民族地区倾斜。中央和地方政府要进一步加大对民族教育支持力度。加强教育对口支援。认真组织落实内地省市对民族地区教育支援工作。充分利用内地优质教育资源,探索多种形式,吸引更多民族地区少数民族学生到内地接受教育。办好面向民族地区的职业学校。加大对民族地区师资培养培训力度,提高教师的政治素质和业务素质。国家制定优惠政策,鼓励支持高等学校毕业生到民族地区基层任教。

　　在《教育规划纲要》的第三部分第十二章中特别强调"考试招生制度改革",提出要推进考试招生制度改革,完善中等学校、高等学校考试招生制度。对于《教育规划纲要》的实施,第四部分提出了明确的保障措施:第十七章强调要通过"建设高素质教师队伍""加强师德建设""提高教师业务水平""提高教师地位待遇""健全教师管理制度"等五个方面来加强教师队伍建设,具体来讲,就是要以农村教师为重点,提高中小学教师队伍整体素质。创新农村教师补充机制,完善制度政策,吸引更多优秀人才从教。积极推进师范生免费教育,实施农村义务教育学校教师特设岗位计划,完善代偿机制,鼓励高校毕业生到艰苦边远地区当教师。完善教师培训制度,将教师培训经费列入政府预算,对教师实行每五年一周期的全员培训。加大民族地区双语教师培养培训力度。要不断改善教师的工作、学习和生活条件,吸引优秀人才长期从教、终身从教。依法保证教师平均工资水平不低于或者高于国家公务员的平均工资水平,并逐步提高。落实教师绩效工资。对长期在农村基层和艰苦边远地区工作的教师,在工资、职务(职称)等方面实行倾斜政策,完善津贴补贴标准。建设农村艰苦边远地区学校教师周转宿舍。研究制定优惠政策,改善教师工作和生活条件。关心教师身心健康。落实和完善教师医疗养老等社会保障政策。国家对在农村地区长期从教、贡献突出的教师给予奖励。要完善并严格实施教师准入制度，严把教师入口关。国家制定教师资格标准，提高教师任职学历标准和品行要求。建立教师资格证书定期登记制度。省级教育行政部门统一组织中小学教师资格考试和资格认定，县级教育行政部门按规定履行中小学教师的招聘录用、职务（职称）评聘、培养培训和考核等管理职能。逐步实行城乡统一的中小学编制标准，对农村边远地区实行倾斜政策。建立健全义务教育学校教师和校长流动机制。城镇中小学教师在评聘高级职务（职称）时，原则上要有一年以上在农村学校或薄弱学校任教经历。加强教师管理，完善教师退出机制。在第十八章则提出要通过"加大教育投入""完善投入机制""加强经费管理"等措施来保障经费投入，强调各级政府要优化财政支出结构，统筹各项收入，把教育作为财政支出重点领域予以优先保障。严格按照教育法律法规规定，年初预算和预算执行中的超收收入分配都要体现法定增长要求，保证教育财政拨款增长明显高于财政经常性收入增长，并使按在校学生人数平均的教育费用逐步增长，保证教师工资和学生人均公用经费逐步增长。按增值税、营业税、消费税的3%足额征收教育费附加，专项用于教育事业。提高国家财政性教育经费支出占国内生产总值比例，2012年达到4%。要进一步加大农村、边远贫困地区、民族地区教育投入。中央财政通过加大转移支付，支持农村欠发达地区和民族地区教育事业发展，加强关键领域和薄弱环节，解决突出问题。第二十章则提出要通过"完善教育法律法规""全面推进依法行政""大力推进依法治校""完善督导制度和监督问责机制"等途径来推进依法执教，具体来讲，要按照全面实施依法治国基本方略的要求，加快教育法制建设进程，完善中国特色社会主义教育法律法规。根据经济社会发展和教育改革的需要，修订教育法、职业教育法、高等教育法、学位条例、教师法、民办教育促进法，制定有关考试、学校、终身学习、学前教育、家庭教育等法律。加强教育行政法规建设。各地根据当地实际，制定促进本地区教育发展的地方性法规和规章。各级政府要按照建设法治政府的要求，依法履行教育职责。探索教育行政执法体制机制改革，落实教育行政执法责任制，及时查处违反教育法律法规、侵害受教育者权益、扰乱教育秩序等行为，依法维护学校、学生、教师、校长和举办者的权益。完善教育信息公开制度，保障公众对教育的知情权、参与权和监督权。学校要建立完善符合法律规定、体现自身特色的学校章程和制度，依法办学，从严治校，认真履行教育教学和管理职责。尊重教师权利，加强教师管理。保障学生的受教育权，对学生实施的奖励与处分要符合公平、公正原则。健全符合法治原则的教育救济制度。制定教育督导条例，进一步健全教育督导制度。探索建立相对独立的教育督导机构，独立行使督导职能。健全国家督学制度，建设专职督导队伍。坚持督政与督学并重、监督与指导并重。加强义务教育督导检查，开展学前教育和高中阶段教育督导检查。强化对政府落实教育法律法规和政策情况的督导检查。建立督导检查结果公告制度和限期整改制度。主动接受和积极配合各级人大及其常委会对教育法律法规执行情况的监督检查以及司法机关的司法监督。建立健全层级监督机制。加强监察、审计等专门监督。强化社会监督。

2.《中华人民共和国国民经济和社会发展第十二个五年规划纲要》

2011年3月我国颁发了《中华人民共和国国民经济和社会发展第十二个五年规划纲要》，其中第二篇"强农惠农——加快社会主义新农村建设"第六章提出，要千方百计拓宽农民增收渠道，促进农民收入持续较快增长。第七章提出要改善农村生产生活条件，强化农村公共服务，扩大公共财政覆盖农村范围，全面提高财政保障农村公共服务水平。提高农村义务教育质量和均衡发展水平，推进农村中等职业教育免费进程，积极发展农村学前教育。加强农村公共文化和体育设施建设，丰富农民精神文化生活。第四篇第十六章第四节提出要全面发展体育事业和体育产业，要大力发展公共体育事业，加强公共体育设施建设，广泛开展全民健身运动，提升广大群众特别是青少年的体育健身意识和健康水平。继续实施农民体育健身工程。第五篇第十八章第一节提出要推进新一轮西部大开发，要坚持把深入实施西部大开发战略放在区域发展总体战略优先位置，给予特殊政策支持。第五节提出要加大对革命老区、民族地区、边疆地区和贫困地区的扶持力度，要贯彻落实扶持民族地区发展的政策，大力支持西藏、新疆和其他民族地区发展，扶持人口较少民族发展。第六篇则提出要通过积极应对全球气候变化、促进生态保护和修复、加大环境保护力度等措施来构建绿色发展，建设资源节约型、环境友好型社会。第七篇"创新驱动——实施科教兴国战略和人才强国战略"第二十八章第一节提出要全面贯彻党的教育方针，保障公民依法享有受教育的权利,办好人民满意的教育。按照优先发展、育人为本、改革创新、促进公平、提高质量的要求,推动教育事业科学发展,提高教育现代化水平。在第二节"大力促进教育公平"中强调合理配置公共教育资源,重点向农村、边远、贫困、民族地区倾斜,加快缩小教育差距。促进义务教育均衡发展,统筹规划学校布局,推进义务教育学校标准化建设。实行县(市)域内城乡中小学教师编制和工资待遇同一标准,以及教师和校长交流制度。第三节中指出要全面实施素质教育,要遵循教育规律和学生身心发展规律,坚持德育为先、能力为重,改革教学内容、方法和评价制度,促进学生德智体美全面发展。第四节"深化教育体制改革"中则提到要健全以政府投入为主、多渠道筹集教育经费的体制,2012年财政性教育经费支出占国内生产总值比例达到4%。该章公布的教育发展重点工程中包括:义务教育学校标准化建设(改造义务教育阶段薄弱学校,实现城乡中小学校舍、师资、设备、图书、体育场地基本达标),义务教育教师队伍建设(实施农村义务教育学校教师特设岗位计划,加强教师全员培训和农村学校薄弱学科教师队伍建设),民族教育发展(支持边境县和民族自治地方贫困县高中阶段学校建设),加强民族地区双语教师培训,支持民族院校建设。

3.《国家教育事业发展第十二个五年规划》

2012年6月,教育部发布了《国家教育事业发展第十二个五年规划》,提出了"十二五"时期教育改革发展的总体目标是:全面提高教育服务现代化建设和人的全面发展的能力,为到2020年基本实现教育现代化,基本形成学习型社会,进入人力资源强国行列奠定坚实基础。这一总体目标又包括了教育事业发展目标、教育体系和制度建设目标、教育支撑经济发展和科技创新目标、教育服务社会和文化建设目标四项主要目标,具体包括了义务教育阶段新增教师具备高一级学历的比例达到85%以上;完成新一轮教师全员培训,全面提高现有教师的专业能力;建立起较为完善的保障教育优先发展的投入体制,2012年财政性教育经费占国内生产总值的比例达到4%,并保持稳定增长;教育法制更加完善;城乡之间和东中西部之间教育发展差距显著缩小,义务教育择校问题明显改善,人民群众对教育公平的满意度显著提高等目标内容。

在具体工作方面提出要"创新国家教育制度",强调要"完善教育公平制度",要通过健全法制保障,把依法保障公民享有平等受教育的权利作为制定和修改教育法律法规的重要原则,清理有关行政规章和管理制度,完善教育行政执法制度和权利救济制度。完善资源配置制度。以义务教育均衡发展为重点,建立区域、城乡和校际差距评价指标体系,促进教育资源向重点领域、关键环节、困难地区和薄弱学校倾斜。以扶持困难群体为重点,建立全面覆盖困难群体的资助政策体系和帮扶制度来建立保障教育公平的制度体系并健全保障教育公平的规则程序。要扩大和保障公平受教育的机会,把促进公平作为国家基本教育政策,着力促进教育机会公平。积极推进农村义务教育学校师资、教学仪器设备、图书、体育场地达到国家基本标准,有效缓解城镇学校大班额问题,县(市)域内初步实现义务教育均衡发展,要通过县级教育行政部门统筹管理义务教育阶段校长和教师,建立合理的校长、教师流动和交流制度,完善鼓励优秀教师和校长到薄弱学校工作的政策措施。新增优秀师资向农村边远贫困地区和薄弱学校倾斜。通过加强学校体育卫生设施、食堂、厕所等配套设施建设,提高学校教学仪器、图书、实验条件达标率等措施来推动义务教育均衡发展。

在"提高人才培养质量"方面则强调要切实加强体育、卫生和艺术教育工作。推动各级各类学校配齐音体美教师,配足器材设备,开好国家规定的音体美课程。广泛深入开展全国亿万学生阳光体育运动,全面实施《国家学生体质健康标准》,保证中小学生每天一小时校园体育活动。组织好全国大中小学生运动会、艺术展演活动和高雅艺术进校园活动。组织实施体育艺术"2+1"项目,使中小学生在校学习期间至少学会两项体育技能和一项艺术特长。

在"促进区域、城乡教育协调发展"方面则提出要加大对中西部教育发展支持力度。公共教育资源继续向中西部地区倾斜。加大东部发达地区支持中西部地区教育发展的力度,完善对口支援机制,指导和协调各省市加强对口支援西藏、新疆、青海教育工作。合理规划农村学校布局,保留和办好必要的村小学和教学点。建立布局调整规划论证、听证制度,中小学校撤销与合并要公开征求意见,严禁强行撤并。新农村建设和农村学校建设同步规划。鼓励优质教育资源向中小城市和城乡接合部延伸。探索城乡教育一体化发展机制。逐步统一城乡教育规划、建设标准、经费投入、师资配备和管理体制,探索城乡教育联动发展新模式,逐步实现城乡一体化等途径,实现"到 2015 年,区域、城乡教育发展差距明显缩小,民族地区教育加快发展"的阶段目标。

在"建设高素质专业化教师队伍"方面,强调要完善教师管理制度,建立中国特色教师教育体系,提高师德水平和教师专业能力,显著提高农村教师整体素质。要通过完善师范生免费教育制度,建立教师教育质量保障制度来加强和改革教师教育,具体工作包括建立免费师范生进入、退出和奖励机制,改进就业办法,确保免费师范毕业生到中小学任教。采取多种形式支持到农村任教的免费师范毕业生的专业成长和长远发展。鼓励地方发展师范生免费教育,采取提前招生、公费培养、定向就业等办法,吸引优秀学生攻读师范专业,为农村学校,特别是农村边远地区学校,培养大批下得去、留得住、干得好的骨干教师。在"深化教师管理制度改革"层面则针对农村提出了制订优秀教师到农村地区从教的具体办法,探索建立农村教师专业发展支持服务体系,创新农村义务教育阶段教师全员培训模式,多种措施加强农村中小学教师队伍建设。完善师范生免费教育政策,扩大实施范围的措施。强调通过提高教师的地位待遇、创新农村教师补充机制等途径鼓励优秀人才长期从教、终身从教,具体包括推进《中华人民共和国教师法》的修订工作,依法保证教师平均工资水平不低于或者高于国家公务员的平均工资水平,并逐步提高。保障教师合法权益。全面落实义务教育学校教师绩效工资,稳步推进非义务教育学校教师绩效工资实施工作。对长期在农村和艰苦边远地区工作的教师,在工资、职务(职称)等方面实行倾斜政策,完善津贴补贴标准,逐步缩小城乡教师收入待遇差距。推动面向教师的社会保障房建设。落实和完善教师医疗、养老等社会保障制度。完善农村义务教育阶段学校教师特设岗位计划。积极推动地方采取到岗学费返还、补偿、代偿等措施吸引高等学校毕业生到农村任教。扩大实施农村学校教育硕士师资培养计划。坚持高年级师范生到农村学校教育实习一学期制度,健全城镇教师支援农村教师制度,完善鼓励支持新任公务员和大学生志愿者到农村学校支教的政策。同时要"实行教师全员培训制度",要实施五年一周期的教师全员培训。各地制定教师培训规划,以农村教师为重点,开展分层分类分岗培训。中央财政支持实施教师国家级培训计划,主要支持农村教师培训,到 2015 年对 550 万名中西部农村教师普遍开展一次培训。扩大音、体、美、外语、科学等学科紧缺薄弱教师培训的规模,加强幼儿教师、特教教师和班主任培训。继续实施中小学教师教育技术能力建设计划,加强县级农村教师培训机构基础能力建设,整合资源,形成区域性农村教师学习与资源中心。落实学校公用经费5%用于教师培训的规定。

4. 十八大政府工作报告

2012年11月,中共召开党的十八大会议,时任中共中央总书记胡锦涛代表十七届中央委员会向中共第十八次代表大会作了题为"坚定不移沿着中国特色社会主义道路前进 为全面建成小康社会而奋斗"的报告。报告提到"办好人民满意的教育""改善民生、创新社会管理、加强社会建设"等重要内容,强调教育是中华民族振兴和社会进步的基石。要坚持教育优先发展,全面贯彻党的教育方针,坚持教育为社会主义现代化服务的根本任务,培养德智体美全面发展的社会主义建设者和接班人。全面实施素质教育,深化教育领域综合改革,着力提高教育质量,培养学生创新精神。办好学前教育,均衡发展九年义务教育,完善终身教育体系,建设学习型社会。大力促进教育公平,合理配置教育资源,重点向农村、边远、贫困、民族地区倾斜,支持特殊教育,提高家庭经济困难学生资助水平,积极推动农民工子女平等接受教育,让每个孩子都能成为有用之才。鼓励引导社会力量兴办教育。加强教师队伍建设,提高师德水平和业务能力,增强教师教书育人的荣誉感和责任感。

(二)西北地区农村中小学体育环境优化的目标

西北地区农村中小学体育环境的优化工作应以党的十八大"努力办好人民满意的教育"为指导,以《国家中长期教育改革和发展规划纲要(2010—2020年)》《中华人民共和国国民经济和社会发展第十二个五年规划纲要》《国家教育事业发展第十二个五年规划》为依据和参考,以发展西北地区农村学校体育、促进中小学生健康为目的,从西北地区的资源条件和特点出发,分层次、分阶段逐步完善西北地区农村中小学体育环境,力争到2020年,西北地区农村中、小学教育经费能达到国内生产总值(GDP)的4%,体育经费达到教育经费的0.5%。要求体育场地、器材设施配备类别达到100%,各项器材设备达标率超过40%,基本满足学生体育锻炼的需求。100%的中学、80%以上的小学配齐体育教师,90%以上的体育教师至少接受一次职后培训。学生对学校体育环境各项指标满意度超过80%。

三、西北地区农村中小学体育环境优化的思路

学校体育环境由多个子环境构成,各子环境之间相互联系、相互依赖、相互制约、相互作用,形成了一个具有不同层次和结构的系统。尽管从对学校体育的影响来看,基础设施环境、师资指导环境的作用更直接、更显著,但从学校体育环境系统自身内部组织关系来看,经济环境、制度环境处于核心的位置,是其他子环境及整个系统的关键所在。因此,从系统论的观点来看,对于学校体育环境的优化应优先优化经济环境、制度环境。

(一)西北地区农村中小学体育经济环境的优化

1. 提高对教育投入的认识

西北地区农村的发展无疑是一项复杂的工程,在政策、资金、项目上的倾斜是必要的,但最根本的还是发展西北地区农村的教育,提高农村全体人民的整体素质。这是因为世界贫富差距,实际上是知识的差距,在导致西北地区农村落后的诸多原因中,教育落后、文盲充斥、技术人才缺乏,是最深刻的原因。因此,改革与发展西北地区农村的教育就成为西北地区发展的关键。政府的教育投入对于整个教育事业的发展具有十分重要的作用。然而由政府安排的财政支出是多种多样的,用于满足财政支出需要的资金却是有限的。就对各项财政支出所形成的需求来讲,国防费、行政管理费等方面的支出往往"刚性"较强,由于教育周期长、见效慢,所以教育经费支出则常常处于相对"软"地位,只要财政资金面临紧缺,让步的便往往是教育经费支出,这导致教育经费难以保证。为此,应转变对教育投资的观念认识,不能仅把教育经费支出看成是一种消费性支出,它也是一种投资活动,而且是一项事关人力资本、效率较高的基础建设,应从中央到地方各级政府,提高认识,做到责任到位,将有限的财政经费优先投向教育,使教育投入与教育事业的发展需求相平衡。

2. 制定《教育投入法》，解决教育经费投入的突出问题

从教育部、财政部、国家统计局每年发布的教育经费投入统计的结果看，不少省份没有落实《中华人民共和国教育法》（以下简称《教育法》）要求的"两个比例"和"三个增长"（国家财政性教育经费支出占国内生产总值的比例应当随着国民经济的发展和财政收入的增长逐步提高、全国各级财政支出总额中教育经费所占比例应当随着经济的发展逐步提高；各级人民政府教育财政拨款的增长应当高于财政经常性收入的增长，并使按在校学生人数平均的教育费用逐步增长，保证教师工资和学生人均公用经费逐步增长），一些地方甚至出现了下降的现象。这说明我们执行教育法律的力度有待加强。现行教育法律中关于教育投入的规定还存在不具体、不系统，可操作性不强，法律责任不明确等缺憾。

法律具有强制规定性。从这个角度说，《教育法》是"软"法，因为该法缺乏具体清楚的强制约束规定，没有相应违犯该法的具体惩戒办法。尽快完善《教育法》的具体规定性和强制性办法，对于维护《教育法》的威严十分必要。全国政协委员王沛清、曹亚对此种状况深有同感，他们在2003年就建议要尽快出台《教育投入法》确保教育投入到位。他们认为《教育法》关于农村教育事业费附加的规定、关于教育集资的规定等，由于与正在进行的农村税费改革政策相冲突，已经或正在被停止执行，使本已捉襟见肘的教育投入变得更紧张。这些说明尽快完善《教育法》，制定落实《教育法》关于教育的专门法律《教育投入法》很有必要。

我们认为，这部专门法律应该并且能够解决涉及教育投入的以下突出问题：

第一，保证政府投入的教育经费应占有的国内生产总值比例。

经过大量调查研究，我们认为，解决教育经费短缺的问题，应该立足长远，建立长效机制，从根本上解决问题，其中政府投入教育经费占值4%的比例是个科学的、关键性指标。制定《教育投入法》首先要捍卫"4%"坚决不动摇。20世纪80年代，我国就提出教育投入的比重要达到4%，20多年过去了，这个目标依然没有达到。因此，我们希望尽快立法，严格执法，使教育经费的投入比例减少人为因素的干扰，落实"4%"的强制性要求。

第二，划分、明确责任，保证教育投入有多个渠道，落实中央、省级、县级三个层次的投入主体责任。

如果哪一级没有完成教育经费投入的比例,就有依法追究相关责任人的领导责任直至法律责任。从世界各国教育经费投入渠道看,发达国家对各级政府义务教育投入分担比例都有法律规定。

在德国,联邦政府的教育投入占10%左右,州政府占65%以上;在美国,州政府的教育投入占40%以上,州以下政府的教育投入占50%以上;英国的教育经费,中央政府占60%,地方政府占40%。相比之下,我国各级政府间应承担的教育投入的责任模糊。立法就要具体确定责任,按照现行财政体制,根据各级政府财力水准的具体情况,并从建立公共财政的要求出发,合理划分各级政府对教育投入的责任,使4%的比例能真正得到实施和保障。同时,要明确对贫困地区和经济不发达地区教育投入的支持办法,从而切实保障教育事业的健康发展,维护教育公平。

第三,制定农村地区薄弱学校的最低经费投入标准,并在《教育投入法》中具体规定达标经费的来源,以法律强制的形式确保最低标准的落实。

多年以来,我国农村学校办学条件很"活",有钱就办,没有钱也可以不办;借助现代化的设施可以教学,只凭教师一张嘴也可以上课。学校办学条件的差异再大也不受重视,这主要是因为学校办学经费没有一个最低的强制标准,使这些孩子明显地落后在起跑线上也没人管。《教育投入法》不仅要合理划分各级政府对教育投入的比例和责任,同时还要制定各类学校的最低标准,并且要明确达到最低标准是各级政府的责任。我们可以对各类学校实行办学标准"上不封顶,但是下要保底"的总要求。对于发展得好的学校,要支持其继续发展,对于发展薄弱学校,则要通过达到最低标准使受教育者获得基本的均衡发展。例如,教学用房、办公用房的面积,体育活动场地设施面积、建筑规格等要有最低标准,功能房要有最低数量和质量要求,教学设施、师资配备都要有最低标准。

第四,加强资金管理,保证教育资金的有效使用。

《教育投入法》要明确教育投入的监督体制和法律责任。教育资金的管理要保证使用的有效性,防止腐败贪污和挪用流失,对教育经费的管理要科学合理,既要保证有使用的经费,也要保证使用到位,发挥它的最佳效益。要加大执法力度,对违法者要依法追究责任人的法律责任,确保教育基础大厦能够坚实。

3. 建立一个更加公平和完善的教育投资体制

首先,尽管国家实施了西部大开发战略,贫困地区的整体经济水平将逐渐有所改变,然而西部大开发是一个长期工程,而且根本上离不开西部地区(也基本上是贫困地区)人口素质提高这个因素。同时,西部大开发也应最终表现在促进贫困地区的人的发展这个根本上。归根结底,贫困地区的经济发展实际上还是人的发展问题,是教育发展问题。这又回到教育投入的问题上。在目前贫困地区基础薄弱、发展起步较晚的情况下,要求教育发展的经济保证,不仅要挖内部潜力,更主要的还是要将贫困地区置于我们国家的全局,充分利用中央政府的宏观调控能力来获得在教育投资体制上的支持。

其次,改变现有的教育投资体制,并不是要回到过去那种统收统支的老路上去,而是要在全国范围按各地区不同的情况,实行不同的投资体制:东部或其他发达地区采取现有体制,地方政府也基本上有实力负担地方教育;贫困地区则应该以中央政府的宏观调控为主,或者由较高级政府(至少省级政府)来调控,确保贫困地区教育发展所必需的教育经费。

再次,国家应建立教育成本补偿制度,弥补贫困地区在教育投入上为发达地区所做的贡献。从世界范围看,贫困地区的资源流向发达地区,已是不可否认的事实,早已受到经济学家的关注。如果说国家与国家之间的这种关系难以得到解决,那么在同一国家内部的不同地区之间的这种关系,通过中央政府的宏观调控是有可能得到改善的。这样的宏观调控可以由国家建立教育成本补偿制度来实施,即在贫困地区的教育投资来源中,建立一种发达地区对落后地区教育成本补偿部分的新体制,以进一步保证贫困地区的教育投入。同时应当指出这种投资体制并不排斥多渠道筹集教育经费,它只是对政府投资这一主要渠道的强调。实施科教兴国战略,没有这样的教育投资体制做保障,在我国这样发展极不平衡的情况下就难以全面展开。

4. 进一步增强对西北地区农村中小学教育的扶持力度

教育受经济的制约。经济发展能力决定教育发展能力,经济结构和规模决定教育结构和规模。西北地区经济是西北地区农村中小学教育的物质基础,经济发展的状况直接决定了教育的投入,只有雄厚的经济基础才能有足够的财力来办教育,反过来也才能进一步推动经济的发展。

从许多发达国家的经验来看,通过义务教育的转移支付以解决义务教育经费总量不足和区域间不均衡的问题,从而实现不同地区间义务教育的均衡发展是一种很好的措施。从我国西北地区的实际情况来看,建立义务教育专项转移支付是较好的选择。对西北地区农村学校的建设等给予特殊的政策扶持。鼓励和支持教师参加各类业务学习,切实保障和不断提高教师的待遇。

政府的教育投资应始终是民族地区教育经费的主渠道。中央和地方各级政府在投入教育经费时,应对西北地区实行倾斜。一是将中央已经设立的"西部地区教育补助专项经费"主要用于西部地区的基础教育。二是建立西部发展基金会,组织和筹集资金,发展地区教育。三是国家支援贫困地区的资金中,应划出一定的比例用于发展贫困地区的教育事业。

5. 多渠道地筹集义务教育经费

要加大对教育的投资,教育经费的来源是很重要的问题,三中全会以前,我国教育经费来源渠道单一,主要依靠国家投资,自改革开放后,教育经费的来源渠道打破了过去单一的局面,除了国家投资外,还有一部分个人、社团办学经费,社会捐助和集体办学经费,但目前在整个经费来源中所占比重还很小,这两项之和所占比重不足10%,国家每年的财政性教育经费仍然占据比例过重,平均达70%,尤其是西部地区,所以当前待解决的是提高全社会对教育的认识,使"百年大计、教育为本"的思想成为全党、全体人民的共识,增加教育投入,既要用国家的力量,也要用民间的力量;既要靠国家,也要通过市场,进一步吸纳民间资本进入教育领域,拓宽教育资金来源渠道,逐步建立以国家财政拨款为主渠道,辅之以个人缴纳学杂费,征收教育税费,鼓励个人、社会、企业投资办学的多渠道的筹措经费新格局,以缓解我国教育投资不足的困境。

在依靠国家投入为主的前提下,也应更广泛筹集教育经费。一是争取工矿企业投资,二是各社会团体资助,三是提倡个人捐助,四是抓好"希望工程",五是争取国外贷款,六是挖掘学校内部潜力。只有动员各方面力量,利用一切可利用的条件,才能缓解西北地区农村中小学教育经费严重不足的问题。

6. 进一步提高体育经费占教育经费的比例

按照《学校体育工作条例》的实施细则规定,学校教育经费的1%要用作体育经费,学校体育经费要做到专款专用。目前,我国大多数农村中小学体育经费占教育经费不足1%,而且一些学校体育经费中包括学校体育场地设施费用,这些费用都属于学校基础建设费用。因此,西北地区农村中小学体育经费必须保证占教育经费的1%,而且必须随教育经费的增加而提高其所占比例。

(二)西北地区农村中小学体育制度环境的优化

1.增强西北地区中小学领导、教师、学生的法律意识

学校领导的重视对学校体育发展非常重要,要增强领导的法律意识,认识到依法发展学校体育是应尽的义务,对保障教师和学生的权利都非常重要。

体育教师的体育教学活动是代表学校的一种职务行为,学校应当履行其职责,不但要提高体育教师的体育意识,更要提高体育教师的法律意识和法律素质,杜绝对学生权利的侵害。在西北地区农村中小学,有很多教师根本就没有意识到殴打体罚学生是侵害学生权利的、违法的,也有很多体育教师在自己的相关权利被侵害时不知这是侵权行为,更不知该如何保护自己的合法权益,这都与法律意识的欠缺有关。应当通过普法宣传,更新体育教师学校体育法治观念,促进依法治体和依法治教。

中小学生由于年龄和受教育程度的限制,很多学生对学校体育法律并不了解,不知道自己有哪些合法的学校体育权利,对于此种情况,我们可以通过体育文化的传播、法律知识的宣传提高学生学校体育法律意识,增强学生的维权意识。可以将学校体育法律寓教于乐,采取法律知识竞赛、小品、游戏等多种方式普及相关学校体育法律。

2.完善学校体育立法

(1)应当提高学校体育立法层级

我国学校体育立法层级普遍较低,涉及农村学校体育的立法本来就非常少,并且法律位阶偏低,这对促进农村中小学体育的发展极为不利。首先,可在《中华人民共和国宪法》中明确公民体育权利,从根本法上体现对学生体育权利的重视。其次,可制定《中华人民共和国学校体育法》,对学校体育作出专门规定,整体提高学校体育立法的层次。再次,依据《学校体育法》对现有与学校体

育相关的法律制度等进行规范,对现有学校体育立法中不协调、不统一的内容进行系统调整。

(2)学校体育立法应与时俱进,范围应当覆盖学校体育的各个方面

由于学校体育立法的不完善,有些立法内容已经无法适应学校体育的发展,还有些现有学校体育活动面临无法可依的局面。学校体育立法首先应与学校体育发展相互促进,及时更新法律内容,满足中小学体育发展的需要。其次,立法范围应当涉及学校体育的各个方面,增加法条数量,增强立法质量,促进学校体育软硬件的发展,保护学生的体育权利,加强对违法行为的处罚。在学校体育伤害事故责任方面,通过立法明确法律责任,还可以通过保险立法确立学校体育伤害险,以确保学生权利的维护。

(3)完善学校体育的地方性法规,增强学校体育立法的可操作性

学校体育立法的原则性和概括性使得发生纠纷后无法依据现有法律保障当事人的合法权利,因此增强学校体育立法的可操作性非常必要。应当完善学校体育立法的配套法规,各地方可出台有针对性的地方性法规和地方性规章,尤其对西北地区农村中小学,由于其所处地理位置在经济建设、气候环境、教育发展等方面有其特殊性,因而学校体育的配套的地方性法规和地方性规整更应该具有针对性,符合当地实际需要,真正适用于西北地区农村中小学,促进这一地区学校体育的快速健康发展。

3.加强学校体育执法,推进依法治体

西北地区农村中小学体育执法的加强和改善是当务之急。第一,在师资配备方面,西北地区农村中小学应当通过人才引进或加强体育教师的进修培训等方式依法配备具有教师资格的体育教师,平等对待体育教师,重视体育教师各项权利的保障,充实体育教师队伍。由教育部、财政部、人力资源和社会保障部、中央编办于2006年开始联合组织实施的农村学校教师特岗计划,对充实西北地区农村中小学体育师资配备起了很好的作用。第二,应当按照相关法律法规的规定设置体育课,保证每周体育课时,保证学生每天锻炼一小时,不随意挤占体育课时,并且重视体育课教学质量。第三,重视体育竞赛和运动会的召开举行。《学校体育工作条例》《农村教育综合改革实验县贯彻〈学校体育工作条例〉和〈学校卫生工作条例〉的意见》等都规定中小学校应当开展体育训练和体

育竞赛,每年至少举行一次以田径项目为主的运动会,西北地区农村中小学应当依法依规,重视体育竞赛、运动会的召开举行,提高学生的体育水平。第四,加大学校体育经费投入力度,依标准配备体育场地、器材、设备。加强执法,依法治体,西北地区农村中小学体育经费、场地、器材、设备的投入和配备将会不断予以充实。第五,加强体育执法监督、检查工作,保障西北地区农村中小学校各项体育指标达到国家规定标准。应当按照相关法律法规的规定,健全学校体育管理机构,完善各级政府以及学校的执法监督、检查组织,组建高素质的体育执法队伍,以切实保障对西北地区农村中小学体育工作的监督、指导和检查。

4. 依法保障学生和教师的权利,完善权利救济

在学校体育权利救济的非诉讼方式方面,应当完善申诉制度,重视调解制度,构建学校体育仲裁制度。

首先,完善中小学学校体育纠纷申诉制度。申诉是教师和学生普遍适用的权利救济方式。学生申诉制度方面,教育部2005年通过了《普通高等学校学生管理规定》,为高等学校学生申诉提供了具体的程序规范,但还应当尽快建立针对中小学学生的申诉的具体程序,尤其是构建校内申诉制度,使学生申诉有法可依,这对保障西北地区中小学学生体育权利非常有益。教师申诉制度方面,应完善侵犯体育教师合法权利的申诉制度,明确申诉机关,并具体发挥作用,切实保障教师权利。

其次,重视西北地区农村中小学体育纠纷的调解制度。西北地区农村大多是以血缘或地缘关系组成的乡村社会,调解是解决纠纷的重要途径,结合地域特点,重视农村实践中发挥重要作用的调解方式,在教师和学生相关权利被侵害时,由行政部门、学校等以调解方式温和地解决纠纷,对保障西北地区农村中小学教师和学生的权利非常有益。

再次,逐步构建学校体育仲裁制度,通过仲裁方式解决体育教育纠纷,保障教师和学生的合法权益,是具有可行性的。我国现在并没有教育仲裁制度,可借鉴国外教育仲裁的做法,明确教育仲裁受案范围,将侵害教师权利和学生体育权利的案件纳入仲裁范畴,这是保障其合法权益的又一可行的救济途径。

5. 完善有关学校体育的司法诉讼制度

作为最后的和最有力的保护手段,提起诉讼是通过国家公权力保障自身合

法权益的方式。在完善学校体育实体权利规定的基础上,完善和规范体育诉讼制度是保障西北农村中小学学校体育发展的现实必需。首先,应当改变现在受教育权起诉无门的状况,让学生可以通过诉讼保障自己的受教育权。其次,在实体法中明确体育权利的性质,将体育权利被侵害纳入行政诉讼法或民事诉讼法的受案范围中。再次,在《中华人民共和国行政诉讼法》中明确规定教师对聘用申诉的处理结果不服,可以提起行政诉讼。

(三) 西北地区农村中小学体育基础设施环境的优化

学校体育基础设施环境与经济环境的关系非常密切,其对经济环境有较强的依赖性。因此,对于学校体育基础设施环境的优化很大程度上要依赖于经济环境的优化,要在经济发展水平提高的基础上通过提高体育教育经费比例的方式来提升基础设施的数量和质量,还要通过多条途径来开发、利用学校及周边现有资源。

1. 体育场地器材的利用

(1) 利用现有体育器材的多功能性

体育器材的重要特点就是多功能性。只要转换视角和思维方式,体育器材就可以开发出许多新功能。这就需要体育教师开放思维,充分发挥创造力和想象力去挖掘器材的一物多用。对经费相对不足,设施难以配齐的学校来讲,充分挖掘器材的多种属性,发挥器材的多种功能,是解决器材短缺的重要途径。

(2) 利用校内外环境资源

校内的绿化带、台阶、树木、走廊、领操台等各种自然环境,只要合理科学安排,都可进行体育教学和训练。如树木做支架设置单杠、爬绳、小篮球架等设施;台阶用于下肢的跳跃练习、上肢力量、腰腹力量等;狭长的地段宜设置攀梯、肋木、爬竿爬绳、单杠;利用学校的边角地带或闲置地带做成体育运动乐园;树叶用于摸高;草坪做各类游戏、立定跳远、技巧练习;还有利用校园的自然环境进行"定向"运动等。墙壁可用来做排球、乒乓球垫球墙,排球的发球练习,投掷的对墙练习,篮球对墙传接球练习。在道路上画上跳格子、跳房子的图案,利用校园小道安排跑步练习,用地面上原来的图形、线条做各类游戏,如在色彩相间的地砖上做闯关等游戏。

自然环境资源是我们最经济、最简便的体育课程绿色资源。学校周边适宜的自然环境,都是体育教学和课外体育活动的资源,如校园附近的公园、广场、绿化带、道路、空地,还有森林、山地、田野、沟渠、江河、沙滩等。在保证安全的前提下,利用适宜的水域当游泳池,利用公园开展定向运动,利用郊野进行远足,利用山坡设计出斜坡跑道,利用大树做各种攀爬动作、荡秋千,利用雪原进行滑雪橇、滚雪球、打雪仗,利用沙地进行沙滩排球和足球等。还可以根据季节特点春季开展春游活动,夏季开展游泳活动,秋季组织登山和越野跑,冬季开展滑冰和滑雪等。

(3)生活物品的利用

我们的日常生活物品经过筛选可以运用到体育教学,以生活物品作为器材替代物,经济实惠,用较少的开支和精力,达到理想的效果。也可利用废弃的生活物品加工成新器材,既丰富了学生的体育器材,又让废物得到利用。

2. 体育场地器材的开发

(1)现有体育场地器材的开发

《中小学体育器材和场地系列国家标准》明确指出,为了避免浪费,中小学现有的体育器材和场地仍可继续使用。对已有的场地器材进行适当的改造,使之适合于中小学生活动,不仅可以增加学校场地设施的使用率,缓解场地器材不足的现状,同时也体现了学校"以学生为本"的人性化教学管理新模式。如运用篮球场进行弯道跑的教学,运用羽毛球场地打排球,用可升降的单杠立柱做排球网立柱,用羽毛球网当排球网等。又如在排球的教学和比赛中,由于采用标准网高,低年级学生发球过网者较少,如将球网做以下变化,这一问题就能很好地解决,学生就会乐于参与排球的练习。如降低球网;斜挂,一边高一边低;松挂成两边高中间低的 U 字型,这样可便于不同水平学生发球,或缩短发球距离。

还可以给器材穿上色彩缤纷的外衣,形成一种视觉冲击,引起大脑对颜色的不同反应。如在铅球、铁饼等投掷项目的教学中,教师可有意识地将投掷物涂上绿色、黄色、白色,使学生感到轻松;而在山羊、跳箱、跳高等障碍性项目活动中,则可以把器材漆成淡黄色、红色和咖啡等颜色,唤起学生注意和防止颜色错觉,使他们在情绪体验上消除恐惧和胆怯心理。另外,还可以缩小足球门,缩小篮球、排球、足球场地等；降低体操器械的高度；在标准篮球场边线外安装多个不同高度的篮球架，供不同年龄、性别的学生选用。

(2)废弃体育器材的开发

对废弃体育器材的开发主要有三种方法：

第一，修复。所谓修复就是对废弃体育器材的缺损进行修理、修补，达到恢复使用的方法。如三大球破损，可用修补自行车的补片修补；断线的羽毛球拍可用网线或外框断裂球拍网线进行修补，拍框与拍杆松动可用瞬间胶水固定；踏跳板断裂或脱落，可以用木板替换，用铁钉固定；跳箱、山羊的皮破损，可用人造革更换；破裂的实心球可用强力胶黏合；破损的体操垫外套，可缝补或拼接。

第二，改造。教师要用创新意识，转换思维，对废旧器材用不同的眼光，从不同的视角观察和思考，以获得新的方法和思路。如将废弃三大球剪切成直径约为8厘米的圆形，在其中间挖个小洞，就成为一种多功能的"标志帽"，可作各种标志物、飞盘、球托等；将羽毛球筒纵向对半切开，用作集体合作活动——引珠过山；将断裂的体操棒做成接力棒；在废弃球体表面画出各种图案，用于传递、抛接游戏；废弃皮尺可选取一截贴于墙上用于测量身高，或固定在小竹竿上做立定跳远丈量尺；将废弃的羽毛球的羽毛去除，在每个球托上面做上相应的符号，再补画一张棋纸，就成了独具特色的象棋、五子棋、飞行棋、老虎棋、十字棋等自制棋。

第三，整合。整合就是把废弃体育器材与其他物体加工结合成一种有价值、有实效的体育器材，使原来报废的体育器材重新获得价值。如将自行车内胎从废弃排球中间横穿，球体内填充海绵或布料做成教练球；向废球内填充沙子和锯末的混合物做成实心球，用作投掷物、负重物、障碍物、标志物等；废旧的足球用刀割开一个口，装满棉絮或破布，然后把割开的足球口用线缝好，就成为一个"软式足球"；废弃毽子的羽毛用旧毛线替换即可；用废弃球类制作球式哑铃，重量可自行控制。

(3)自制简易的体育器材

自制体育器材是指师生根据教学内容的需要，因地制宜、因陋就简地动手制作的体育器材。制作简易器材不仅能改善教学条件和解决器材的短缺，还能培养学生的动手能力和创造能力，也是进一步落实课程标准中体育设施资源开发的一种新途径。如用塑料瓶和竹竿制作了一款软式棒球的球棒,利用纸球或儿童小皮球作球,学生就可以享受棒球比赛所带来的快乐。又如用废弃的三大球制作出软式跳跳球,虽然其弹性不能与市场销售的跳跳球一样,但基本可达到相似的健身效果。又如,用废弃高压锅胶圈(或软质塑料管)和布料制作成的软式飞盘,就可以避免传统硬质塑胶飞盘带有的一些危险性。同样,没有乒乓球台,可用砖头、水泥或石块砌成乒乓球台,用砖头、木板、竹竿代替球网;没有球篮,可以用铁丝圈成铁圈挂在墙上当球篮。

(四)西北地区农村中小学体育师资指导环境的优化

1. 提高学校体育教师的待遇,解决教师数量不足问题

近年来,西部的一些省市,为了解决农村学校体育教师短缺、素质不高等一系列问题,纷纷采取其他课程教师兼代体育课程、聘用代课教师或选派城市体育教师到农村学校或薄弱学校轮流任教的办法。这些办法虽然也能解决一些问题,但只是权宜之计。我们了解到,其他课程教师兼代体育课程,由于专业技术不过关,对学生体育教学是一种贻误,甚至影响学生对体育的兴趣。城市体育教师大都不愿主动到农村学校去。有关部门派遣他们去支教,一是靠出台政策硬性规定,比如,凡应届毕业生都必须到农村学校去工作两年后方能正式安排工作;二是靠一系列优惠政策在背后作支撑,比如,对到农村学校去轮流任教的城市体育教师,支教期满后,实行经济补助、评职优先、调动工作优先、提拔干部优先等政策。这些现象往往造成教师教授体育课程属于"放养"式教学,进而影响学生对体育课的兴趣,最终影响到学生的体质与健康。因此,要稳定西部农村体育教师队伍的确需要"治本"之策,需要采取切实有效措施,大力提高体育教师待遇。对此,我们认为首先要确保农村体育教师工资的按时足额发放。其次,应尽可能让农村体育教师能够享受到与城里体育教师同样的工资、福利和政治待遇。再次,减轻农村体育教师各方面的经济与精神负担,确保农村体育教师合法权益不受侵害。只有这样,才能从根本上解决农村体育教师短缺与不稳定的问题,进而为提高农村体育教师队伍的整体素质打下坚实的基础。

2. 通过多种方式加强对现有体育教师的培训

西北地区应该从实际情况出发,顺应教育部加强农村体育教师的进修和培

训,定期组织学校之间进行交流、观摩、互换等一系列措施加强对体育教师的培训;对中小学体育教师,实行岗前培训、持证上岗制度;同时还要使体育教师本身有意识地进行学习,掌握科学的教学方法以及运用科学的方法和手段参与体育教学,做一名综合多种学科知识、技能的知识型体育人才。从人才结构和高级职称的比例来看,陕西省同我国相对发达的城市相比,人才结构相差不大,农村中小学的投资相对也较好一些,可以吸引一定的体育院校毕业的学生选择在此任教。但是在较为偏远的甘肃、宁夏、新疆、青海地区,特别是偏远的学校或者是少数民族学校,更多地需要借助进修和培训来提高教师的素质和能力。体育教师必须提高文化素养,完善知识结构,勇于改革和创新,才能跟上时代的步伐,才能有所成就。

(五)西北地区农村中小学体育精神文化环境的优化

1. 强化体育是精神文化的理念,结合实际确立发展目标,制定发展计划

体育是一种文化毋庸置疑,具有外显特征的体育物质、行为、制度等文化更容易被人关注,隐性特征的精神文化往往被人忽视,但精神文化在体育文化中的核心地位和核心作用却是不容忽视的。学校体育精神文化环境的建设可以直接作用于学校体育教学等一系列学校体育活动之中,甚至对学校综合教育、学生个性人格的形成等方方面面都会产生潜移默化的影响。

学校体育精神文化环境建设应首先明确建设方向。时任中共中央总书记胡锦涛在谈到文化建设的方向时指出:"我们必须把发展社会主义先进文化放到十分突出的位置,着眼于提高人的素质,促进人的全面发展,加强思想道德建设,发展教育科学文化,培育有理想、有道德、有文化、有纪律的社会主义公民。"根据这一精神,学校体育精神文化建设必须以先进文化为根本方向,以培养高素质的社会主义事业的建设者和接班人为根本点和落脚点。准确定位学校体育精神文化环境建设目标,贯彻"以人为本"的科学发展观,始终把人才的培养和发展作为学校首要的工作目标,并紧紧围绕人才培养目标来构建特色学校体育精神文化环境。

在学校体育精神文化环境育人的重要作用基础上,学校应因地制宜地确立符合本校实际需要的发展学校体育精神文化环境的目标,制定切合实际满足学校未来发展的、详细的计划,并颁布具体的实施细则。上级教育主管部门最好能够对各校精神文化环境建设的目标、计划、实施细则等加以备案。只有这样,学校体育精神文化环境的建设才不会因为时间的推移、领导班子的更替、教师和学生的更新等情况而弱化、中断,甚至消失。

在实际工作中,应紧紧围绕文化对人的可塑性特质,在全面实施校园内体育文化整体环境建设的过程中,采用多种形式进行体育精神文化的传播。学校体育管理者和工作者,应该千方百计地通过灵活多样的方式,举办体育精神文化教育活动。在广泛开展各种体育竞赛活动的同时,开展系列体育知识讲座、专题报告、学术沙龙等,开阔学生的体育视野,陶冶学生的情操,启迪学生的心灵。对于体育,一定要强化体育是精神文化的理念,它所具有的社会学价值,人文教育的功效,健康身体的生物功能,是我们进行体育精神文化传播,构建学校体育精神文化环境的基础。

2. 培养良好的学校体育传统,促进学校、班级体育风气的形成

第一,提高领导者对学校体育工作的重视程度,改变传统的只对体育物质条件投入的观念,增加对体育精神文化建设的投入。农村中小学的上级主管部门应制定详细的检查和评价学校体育工作实施的细则和标准,以政府文件的形式下达到各学校,定期和不定期地掌握各学校实施的具体情况,优秀的表扬、奖励,差的批评、处罚,并把这一情况引入各学校领导的考核环节中去,使学校领导从思想上、行动上真正重视学校体育工作。同时,上级主管部门还应该组织各学校领导参加学校精神文化建设方面的培训、讲座、讨论等活动,增强学校领导对精神文化建设重要性的理解和认识,保证学校体育物质条件的基础上,增加学校对精神文化建设方面的投入。

第二,在学校内部建立完善的激励和约束机制。一是要抓好各项学校体育制度的制订和完善工作。要综合考虑各种因素的影响和制约,在学校体育制度的内容上要做到相互配套,在思想内涵上相互协调,在价值观念、道德观念的导向上相互一致,努力建设和谐统一的学校体育制度体系。二是要充分发挥各项制度在学校体育精神文化建设工作中的标准、约束和导向功能,从而使全校师生产生一种内在的动力和压力,最大限度地发挥其潜能。要特别侧重于把学校体育精神文化建设制度化,建立健全体育精神文化建设的规章制度和评估体系,通过建章立制和监督评价,使体育教师在育人的过程中,行为有准则,职业有要求,把精神文化建设方面的评价结果与体育教师的职称评聘、职务晋升、评优奖励等各个方面紧密结合,使之逐步走上制度化和规范化。

第三,在学生中引入竞争机制,调动学生的学习积极性,激发学生的学习热情。人才的成长不是一个自然生成的过程,而是客观培养和主观努力的双重结果。要使学生成为社会所需要的合格人才,除了必须具备一定的客观条件外,就是如何更大限度地激发学生自身潜在的活力,而竞争是激发学生自身潜在活力的有效途径。学校应注意营造一种良好的体育活动竞争氛围,如定期举行体育比赛、进行"体育活动先进班级""体育小健将"的评选等,比赛成绩和评选结果与"三好学生""优秀班级"的评比挂钩,激励和培养学生的竞争意识,形成群体竞争、协作竞争,使学生在竞争中锻炼,在锻炼中竞争,在竞争中取长补短,优化综合素质。

3. 加强教风管理制度化,营造良好的体育活动氛围

西北地区农村中小学校要完善科学民主的、适合本校发展的管理制度体系,特别是要加强教师的教风管理制度化,严格杜绝"殴打""体罚"学生现象的发生,引导约束体育教师树立良好风范,以良好的师德和敬业精神、高深的学问和品格,潜移默化地影响学生。学校体育教学中,教师起主导作用,不仅要教会学生强身健体的方法,还应结合体育运动的特点,对学生进行思想品德教育,陶冶学生的情操,即不仅要育体,还要育德、育心,许多精神和品质的确都可以在体育活动中得到锻炼,如爱国主义精神、公平竞争精神、和平友谊精神、遵纪守法和团结互助的品质等。通过增强体质与培养意志品质相结合,通过体育与精神文化教育相结合,使学生的身体素质、心理素质、道德品质获得全面而和谐的发展。

课堂是体育教师和学生进行思想及知识、技能交流的场所,通过体育教师的"传道、授业、解惑"达到提高学生综合素质的目的。学校应制订相应的政策充分激发体育教师的积极性和创造性,大力提倡适合农村中小学体育教育发展的教学与学术研究,提高体育教师的学术水平、道德水平、思想素质和创新能力,保证体育教师能够在体育教学活动的过程中,营造宽松、积极、主动的学习氛围,让学生时刻充满信心,让课堂始终充满乐趣,激活学生创新精神、创新思

维,培养学生的创新能力。

　　学校还要重视加强体育教师岗前教育和上岗以后的继续教育,特别要重视学校体育环境中精神文化环境建设的知识培训和能力培养,定期组织学习,定期考评,把领导评、教师评、学生评、自评结合起来,切实提高体育教师精神文化教育的水平,充分发挥体育教师在学校精神文化建设中的作用,培养一支校园精神文化建设的积极分子队伍。

4. 坚持以校风、教风促学风的原则,改善现有的体育学习考核评价标准

　　现状调查显示,西北地区农村大部分的中小学生有参加学校体育活动的兴趣和需要,有健康积极的体育活动观念和意识,但由于学习负担重、场地器材欠缺等原因,无法形成良好的稳定而持续的体育活动习惯和体育学习风气,这当然不利于西北农村中小学学校体育精神文化环境的建设和改善。要改变这种现状,本质上必须改革现有的教育、考试、升学等一系列制度,增加农村中小学对学校体育建设的投入经费。教育改革一直在进行,对农村中小学投入的力度也有所增强,但这些问题在短时间内得到彻底解决也是不现实的。如何在现有的基础和条件下,尽可能地弥补缺陷和不足,培养学生积极向上的体育学习风气,进而优化学校体育精神文化环境,就成为最现实的问题。

　　坚持以学校体育传统风气和体育教师教学风气促进学生体育学习风气的原则,坚持以教育为主,体育技术教学为辅的体育教学理念,促进打破班级和年级界限的课外体育活动的开展;改变用时间、长度、高度等量化指标考核评价的手段,采用实施过程评价与结果评价相结合,教师评价、学生互评、学生自评相结合的评价标准,转变阶段评价考核为学段整体评价考核,重视对学生的自主、创新能力的训练和考察。使全体学生能够在整个中小学教育阶段始终如一地坚持体育知识、技能的学习和参与,从而实现促进学校体育精神文化环境建设的目标。

　　在保证体育课教学的基础上,组织开展形式多样、内容丰富的课外体育活动(户外运动、体育比赛等),组建体育锻炼活动积极分子社团(篮球队、健美操队等),充分利用体育信息、舆论的感染作用(广播、网络等),定期开展融思想性、科学性、趣味性、娱乐性于一体的学校体育文化活动(学术讲座、知识竞赛、歌唱比赛等)。

5. 创造新的体育信息舆论宣传形式，拓展宣传空间

学校的发展离不开以先进的办学理念和精神为主的信息舆论氛围，学校体育精神文化环境的建设更需要不断创造新的宣传形式，拓展宣传空间，满足学校信息舆论传播的时代要求。

学校体育信息舆论的传播应以体育教学等各项学校体育活动为主要载体，需要学校各有关部门的积极配合，通过学校广播站、标语、口号、板报等，介绍有关体育信息、体育新闻、学校体育工作计划和学校体育活动情况等。还可以通过体育类知识讲座、培训、演讲、竞赛、征文、绘画、摄影活动和"体育小明星""体育小健将""体育活动标兵"之类的评选活动，以及举办体育活动月（周/日）或体育艺术节等方法来进行学校体育文化的宣传。全校师生通过参加学校体育文化活动、观赏体育比赛、学习体育文化知识，陶冶情操，提高对健、力、美的审美情趣，从而促进身心素质和谐发展。同时，全校师生通过学校体育活动过程中严格的管理制度、行为与技术规范的约束，培养师生自觉遵纪守法的良好习惯。

现代信息技术的飞速发展也为学校体育信息舆论氛围的形成带来了新的手段，信息技术正在进入教师和学生的生活空间，网络文化对学生的世界观、人生观、道德观、价值观的形成和人格的塑造产生着巨大的影响。因此，有条件的农村中小学应该充分利用现代网络技术所提供的便利条件，建立学校体育知识网站、学校体育网页，设立体育百科知识、体育锻炼指南、体育项目入门、体育赛事精选、学校体育新闻、师生论坛等栏目，并派人专门管理维护，及时更新网站内容，解答学生疑问，促进师生交流沟通，为学生和教师提供一个新颖丰富的体育学习交流的平台，为学校体育文化环境建设提供服务。

6. 协调学校体育各种人际关系，营造人与人之间融洽的氛围

第一，学校领导应努力形成团结、统一、和谐的班子集体。体育活动具有外显性的特征，学校领导要在校园中积极参与学校体育活动，参加到体育游戏、竞赛、表演等活动中去，并在活动中积极配合，协助完成体育活动的各项内容，为全校师生树立良好的榜样。

第二，领导和教职工都应该积极地、有意识地以多种方式相互沟通，换位思考。领导要尽可能地为教职工解决工作和生活上的困难，反过来，教职工也要多从学校全局考虑问题,为领导出谋划策,认真积极地完成上级交给的各项任务,形成气氛融洽的上下级关系。

第三,教职工群体的人数规模比领导班子规模大,又工作在教育第一线,他们之间的人际关系直接影响学校体育教学等活动开展的质量和效果。教职工群体在日常的教学和生活中应形成团结协作、互相学习、勤于交流、取长补短、共同提高的氛围,老教师帮助指导青年教师,青年教师尊敬礼让老教师。每个教师要时时以自身形象为学生树立良好的人际关系的榜样。

第四,理想的师生关系是良好教育的内在要求和必然要素。师生关系是学生获得人际关系技能和交往品质的重要源泉,还是学生建立价值系统的现实基础。师生关系是一种互动的关系,是学校环境中最基本的一种人际关系,影响师生双方的心理及其个性发展,而且直接地影响教师的"教"与学生的"学"。

教师要树立正确的教学观、学生观,尊重学生的人格。体育教师采取理解、宽容和公平的态度,能与学生平等相待、坦诚相见、热情关怀,能成为学生的朋友和知己。主动了解学生的思想动态、学习能力,及时解答学生学习中的疑难,排解学生生活中的忧虑。相应地,学生应该尊重、信任、热爱体育教师,并在体育教学上支持和配合体育教师。

第五,学生之间的关系,一般有竞争和合作两种形态。在当代社会中,学生之间的人际关系应当以合作为主,适当引入竞争性交往。学校体育活动打破了教室的空间界限,使学生与学生的互动更加自由、更加无拘无束。体育活动本身就非常强调团队精神,强调学生之间的相互合作、相互配合、相互帮助和相互激励,同时游戏、竞赛等活动的竞争性又可以促使学生适应社会竞争。教师应该悉心创设学生交际情境,组织丰富多彩的活动,鼓励学生特别是那些不善交际的学生参与集体活动,并让他们懂得,互助友爱是集体中必不可少的,应该理解别人,关心别人。帮助学生形成既能认真进行批评与自我批评,又能以爱护对方为目的相互坦率直言,相互鼓励,相互交流与合作,共同取得进步的氛围。

参考文献

[1] 曲宗湖,刘绍曾,赖天德.跨世纪我国学校体育发展战略与对策研究[J].北京体育大学学报,1999,22(1):1-8.

[2] 张家平.浅谈农村中学体育场地设施资源的挖掘与利用[J].九江师专学报,2002(6):79-81.

[3] 刘国.秦巴山区中小学体育现状与发展对策研究[J].军事体育进修学院学报,2007,26(4):36-38.

[4] 许世岩,邓云玲,马瑞华.西北边远贫困民族聚居区中小学体育课程实施现状调查[J].西安体育学院学报,2005,22(3):111-115.

[5] 刘晓年,李艳茹.上海市中小学学校体育场地设施的现状与发展[J].体育科研,2007,28(5):76-79.

[6] 周登嵩.学校体育学[M].北京:人民体育出版社,2004.

[7] 项建民,龚婉敏.十二个省市304所城镇学校体育场馆质量调查[J].中国临床康复,2006,10(48):55-58.

[8] 郭李亮.我国西南诸省(区)农村学校体育现状调研[J].中国体育科技,2003,39(6):47-48,64.

[9] 中华人民共和国国家统计局.中国统计年鉴[M].北京:中国统计出版社,2008.

[10] 罗达勇,施晋江,汪海燕.试论学校体育环境与学生身心健康的发展[J].杭州师范学院学报,1996(3):66-69.

[11] 徐雪英.论校园体育环境在体育教学中的作用[J].山西师大体育学院

学报,2006(S2):35-38.

[12]曲宗湖,尚大光,李芬芬.中国农村学校体育基本现状和发展战略研究[J].北京体育师范学院学报,1998,10(4):1-12.

[13]邵华,顾美蓉,张燕,等.我国农村学校体育的现状与发展[J].中国学校体育,1996(1):11-12.

[14]荆永根.试析我国农村的体育环境[J].山西农业大学学报,1999,19(2):171-172,175.

[15]钟亿群.对农村学校体育场地和体育器材的调查与研究[J].内江科技,2008(5):33,94.

[16]王家宏,王维群,陆阿明.江苏省中学体育教育现状及对策研究[J].体育与科学,2002,23(6):73-75,49.

[17]常生.沿海经济发达地区部分农村初中体育教育现状及对策研究[J].中国体育科技,2002,38(3):56-57,62.

[18]李相如,李芬芬,冯张昌,等.北京市农村中小学体育发展现状调查与初步研究[J].北京体育大学学报,1999,22(1):56-59.

[19]李艳茹,沈建华.上海市中小学学校体育环境现状与发展对策研究[J].南京体育学院学报(社会科学版),2008,22(4):66-69.

[20]周君华,原丽英,解毅飞.中国东西部农村学校体育现状比较与发展对策研究[J].西安体育学院学报,2003,20(2):4-6,9.

[21]王明亮,潘玲志.浙江沿海地区农村学校体育资源的调查及对策的研究[J].浙江体育科学,2008,30(1):98-100,124.

[22]董翠香,党晓云.河南省农中学体育现状与发展对策研究[J].中国学校体育,1997(4):13,12.

[23]王朝军,刘洪振.对我省城市普通中学课余田径训练体育环境现状调查与对策研究[J].科技信息(学术研究),2006(11):433-434.

[24]刘刚,王喆,刘安清.湖北省贫困县中小学体育教育现状与对策的研究[J].武汉体育学院学报,2005,39(1):90-93.

[25]丁璐.新疆农村学校体育现状与发展对策[J].体育科学,2001(1):25.

[26]徐宏.我国西部地区学校体育现状及发展对策研究[J].体育科学,2002,22(4):12-13,16.

[27]姚蕾.中国城市学校体育教育现状与思考[J].体育科学,2004,24(12):68-73.

[28]何建东.民族传统体育融入农村学校体育的探索[J].教学与管理,2008(24):115-116.

[29]吴昊,曲宗湖.我国西部农村学校体育现状及发展对策研究[J].武汉体育学院学报,2007,41(3):53-55.

[30]孙树发,史纪鑫.将民间传统体育融入贫困农村学校体育教学[J].新课程(教育学术版),2008(3):71.

[31]康春兰,陈惠花,康武军,等.开发农村学校体育场地器材资源的有效途径[J].井冈山学院学报(自然科学),2007,28(10):73-75,93.

[32]熊茂湘.体育环境导论[M].北京:北京体育大学出版社,2003.

[33]毛振明.体育教学论[M].北京:北京高等教育出版社,2006.

[34]邢文华,余学峰,钟秉枢,等.体育教练员继续教育的设计与实践[J].中国体育科技,2002,38(9):19-23.

[35]苗治文.论学校体育的物化与人化[D].大连:辽宁师范大学,2002.

[36]杨文礼.陕西农村初中学校体育现状调查及其发展策略研究[D].西安:陕西师范大学,2005.

[37]李健,王荣民,张勇.北京市中学课间操现状调查与思考[J].中国学校体育,2003(1):54.

[38]芦平生.西北少数民族地区学校体育发展的社会调查研究[J].四川体育科学,2000(3):6-10.

[39]陈德敏.学校体育人文教育使命反思[J].成都体育学院学报,2004,30(3):83-85.

[40]付晶晶.河南省信阳市农村中学学校体育现状及其发展对策的研究[D].武汉:华中师范大学,2006.

[41]刘买如.关于构建体育环境学新学科的初步研究[D].武汉:华中师范大学,2005.

[42] 张良玉,刘兵,李建勇.对学校体育环境研究现状的分析与思考[J].体育科学研究,2006,10(2):89-92.

[43] 周全.论体育环境的组成、结构与特征[J].南京体育学院学报(社会科学版),2006,20(3):26-28,70.

[44] 芮国星.宁夏回族自治区回族中学学校体育现状调查与发展对策研究[D].西安:陕西师范大学,2005.

[45] 李秉德.教学论[M].北京:人民教育出版社,2001.

[46] 翁锡全.体育·环境·健康[M].北京:人民体育出版社,2004.

[47] 周全.北京2008年奥运会对国民体育意识和体育行为影响的研究[M].北京:人民体育出版社,2006.

[48] 孙辉.论体育环境[J].上海体育学院学报,1993,17(2):14-20.

[49] 邓跃宁.论学校体育环境及建设[J].四川体育科学,1995(1):36-40.

[50] 姚蕾.体育教学环境的构成要素、功能与设计[J].北京体育大学学报,2003,26(5):649-651.

[51] 徐柏才.建设特色校园文化 培养高素质合格人才:对中南民族大学校园文化建设的若干思考[J].中南民族大学学报(人文社会科学版),2007,27(1):174-177.

[52] 李洁.高校和谐校园文化环境建设研究[D].兰州:兰州大学,2007.

[53] 马岳良.论高校体育文化环境对大学生人文素质的影响[J].南京体育学院学报(社会科学版),2004,18(1):48-51.

[54] 章罗庚.校园体育文化导论[M].长沙:湖南大学出版社,2009.

[55] 李东,陈兴亮,罗清扬.四川省大学校园体育文化建设现状分析[J].阿坝师范高等专科学校学报,2006(S2):93-95.

[56] 贺幸平.论高校校园文化环境建设[J].湖南社会科学,2005(6):160-162

[57] 张卫宇.浅论校园文化环境建设及校园建筑文化[J].江西教育学院学报(社会科学),2000,21(4):81-83.

[58] 鲁斌宏.校园体育文化概论[J].江苏高教,1996(4):54-57.

[59] 黄利梅.高校精神文化环境与大学生精神文化消费[J].消费经济,

2004(6):29-31.

[60]张亚梅.创新人才培养与高品味校园文化[J].松辽学刊(人文社会科学版),2001(6):90-92.

[61]王爱华.论高等学校校园体育文化环境建设[J].北京体育大学学报,2007,27(9):1260-1261.

[62]孙庆珠.高校校园文化概论[M].济南:山东大学出版社,2008.

[63]张奎.论高校德育环境的优化[J].河南城建高专学报,1998,7(4):28-31.

[64]王钜亮.体育人文环境与青少年非智力因素关系研究[D].长春:东北师范大学,2005.

[65]张振丰,董亚玲.论体育教学的环境[J].体育成人教育学刊,2003,19(3):74-75.

[66]黄永军.论高校体育环境系统[J].湘南学院学报,2006,27(2):106-108,112.

[67]周志俊.论学校体育传统与风气[J].体育科学,1995(6):21-25.

[68]贾玉科.山东省高等体育院系教学环境的现状及对篮球教学影响的研究[D].北京:北京体育大学,2006.

[69]陈启文.高校校园精神文化环境建设的理性思考[J].未来与发展,2006(11):52-54.

[70]杨刚.普通高校公共体育教学环境的评价研究[D].南京:南京师范大学,2007.

[71]文大稷.高校文化环境对大学生思想政治教育影响研究[D].武汉:华中师范大学,2008.

[72]陈家麟.学校心理教育[M].北京:教育科学出版社,1995.

[73]吴也显.教学论新编[M].北京:教育科学出版社,1991.

[74]周卫,李林.论体育教学环境的创建与优化[J].体育科学研究,2004,8(4):79-81.

[75]王军.甘肃普通高校体育教学环境现状研究[D].北京:北京体育大学,2005.

[76] 党的十八大文件汇编[M]. 北京:党建读物出版社,2012.

[77] 汤亚平. 试析学校体育改革的制约因素及对策[J]. 邵阳学院学报(自然科学版),2004,1(2):103-105.

[78] 张芩. 农村中小学体育教育困境与对策刍议[J]. 重庆科技学院学报(社会科学版),2011(22):192-194.

[79] 李苏伦,孔德庆. 制约经济欠发达地区终身教育体系构建因素分析[J]. 继续教育研究,2004(3):47-49.

[80] 崔建民. 甘肃省定西市学校体育与健康课的制约因素及发展对策[J]. 中国学校体育,2006(7):72-74.

[81] 钟全宏,魏争光,张学忠,等. 西北边远贫困民族聚居区学校体育发展研究[J]. 成都体育学院学报,2005,31(2):112-114.

[82] 熊国胜,刘洪涛,彭苏建. 江西省中小学校体育经费及场地器材调查研究[J]. 安徽体育科技,2006,27(3):68-70.

[83] 徐忠,许良,唐云虹. 我国学校体育场地器材现状与发展对策研究:以重庆市中小学为例[J]. 成都体育学院学报,2009,35(2):81-84.

[84] 谢伟,梁莉,何茂. 制约广西农村体育发展的主要因素及对策[J]. 体育科技,2008,29(3):1-4,43.

[85] 唐立. 永州市学校体育场地与教师结构现状调查与分析[J]. 科技信息,2010(7):795-796.

[86] 陈丽珠,毕仲春. 义务教育阶段学生体育锻炼习惯形成影响因素的理论分析[J]. 北京体育大学学报,2006,29(3):380-381,384.

[87] 任亚锋,周里. 新疆石河子市中学生运动锻炼的影响因素分析[J]. 当代体育科技,2012,2(32):6-7.

[88] 谭啸. 湘中南地区农村初中学校体育发展的影响因素及对策研究[D]. 桂林:广西师范大学,2010.

[89] 于向,马跃琪. 我国农村初中、小学体育现状调查研究[J]. 北京体育大学学报,2006,29(9):1254-1255,1274.

[90] 孙德朝,陈佳. 四川省农村学校体育教学现状调查[J]. 首都体育学院学报,2008,20(2):83-86.

附件

附件 1
西北地区农村中小学体育环境及优化研究
专家调查问卷(一)

尊敬的____教授:

  您好!

  感谢您在百忙之中抽出时间来填写问卷!

  学校体育环境是学生、学校开展体育活动的重要条件和保障,为了确定学校体育环境包含因素及其分类,构建出系统、科学的学校体育环境理论体系,特设计此问卷,期望得到您的帮助。您具有丰富的理论知识和实践经验,请对问卷中的各项内容予以判断。

  您的回答将给本研究以巨大帮助,特此表示衷心感谢!

学校体育环境理论研究组

2008 年 3 月

  本问卷中的学校体育环境是指,以学生为中心,直接或间接影响学校内外,学生个人、群体体育活动的一切自然因素和社会因素的总称,分为学校体育自然环境和社会环境两大类。学校体育自然环境是指那些与学生个人、群体的体育活动相互联系、相互制约、相互作用的,人类无法影响或影响程度很小的自然条件;学校体育社会环境是指那些与学生个人、群体的体育活动相互联系、相互制约、相互作用的,带有人为特征和人造性质的条件和因素。

一、请您根据上面的界定,对下面从 A 到 H 各项内容进行分类,把相应的字母填到"学校体育自然环境"和"学校体育社会环境"后面的括号里

学校体育自然环境(　　　　　)　　　　学校体育社会环境(　　　　　)

A. 数理地理环境:指学校所在地区在地球经纬网上的方位、纬度。

B. 自然地理环境:指学校所在的地域(地貌、生态)环境。

C. 气候气象环境:指学校所在地域的气候气象。

D. 经济环境:指学校所在地区经济发展水平、国内生产总值、地区消费水平等经济条件状况。

E. 法规制度环境:指管理、指导学校体育工作的各级各类政策、法规、制度等的制定和执行状况。

F. 基础设施环境:指学生、学校体育活动开展所需的场地器材设施、设备等物质条件及其安排设计状况。

G. 师资指导环境:指学校内外指导学生体育活动的体育教师、教练员、社会体育指导员等人员状况。

H. 精神文化环境:指学校内外的人际关系、社会文化、体育思想意识观念、体育气氛、体育传统风气以及教师风格等无形的心理环境。

二、除了上述内容之外,您认为学校体育的自然环境还应包括哪些内容

I. _____:_____。

J. _____:_____。

三、除了上述内容之外,您认为学校体育的社会环境还应包括哪些内容

K. _____:_____。

L. _____:_____。

附件 2
西北地区农村中小学体育环境及优化研究
专家调查问卷(二)

尊敬的____教授：

您好！

学校体育环境是学生、学校开展体育活动的重要条件和保障，为了确定学校体育环境包含内容、因素及其分类，构建出系统、科学的学校体育环境理论体系，在第一轮问卷的基础上我们又制订了本问卷，期望能再次得到您的帮助。您的回答将给本研究以巨大帮助，特此表示衷心感谢！

学校体育环境理论研究组
2008 年 4 月

根据各位专家在首轮问卷中的意见和建议，本问卷对学校体育环境及一级指标进行了如下界定：

学校体育环境是指以学校体育为中心，直接或间接影响学生参加体育实践活动的自然因素和社会因素的总称。它是依据学校体育的功能、特点以及全面发展学生身心这种特殊需求而组成的一个系统的育人环境。具体包括学校体育自然环境和学校体育社会环境。

学校体育自然环境是指环绕在学校体育实践活动周围，对学生的体育实践活动产生直接或间接影响的自然因素的总和。

学校体育社会环境是相对于自然环境而言的，是指环绕在学校体育实践活动周围，对学生的体育实践活动产生直接或者间接影响的社会因素的总和。

结合该界定对各位专家调查问卷反馈信息进行归纳整理，学校体育环境二级指标及其划分如下：

学校体育环境
- 自然环境
  - 一般自然环境（指自然环境中没有人类外力影响，自然形成、存在的条件和因素）
  - 特殊自然环境（指学校体育自然环境中部分条件和因素由于人类外力介入、影响而发生变化后形成的现象和状态）
- 社会环境
  - 经济环境（指学校体育所面对的社会经济条件和运行状况）
  - 制度环境（指国家、地区及学校等不同层面学校体育相关政策法规的制定、实施和监管状况）
  - 基础设施环境（学生在校内外参加体育活动所需的场地器材设施等物质条件及安排设计状况）
  - 社会指导与师资环境（指学校内外指导学生体育活动的人员及指导工作状况）
  - 精神文化环境（指学校在长期办学过程中形成并由全校师生共同遵守的对体育活动的信念、思维、心理和行为态度的一种体育精神文化氛围）

问卷中一到七题分别是我们根据学校体育环境的二级指标所拟定的三级指标，请您根据自己的知识和经验对各项指标进行分析，帮助我们完成如下三项工作：

1. 添、减、调整二级指标，使之能全面地反映出一级指标的内容。

2. 完善二级指标的名称、界定，使之更为贴切、准确。

3. 确认一、二级指标的有效性：各级指标的有效性都分为 5 级，从 1 到 5 逐级递增。每项指标后面有 5 个括号，从左到右有效性依次递增，分别对应着各项指标有效性的 1 到 5 级，请在您认为合适的括号内打"√"。

         1 2 3 4 5

一、一般自然环境

1. 经度：影响主要表现为时差反应。 （ ）（ ）（ ）（ ）（ ）

2. 纬度：决定了学校所在地区的气候类型和重力环境。

             （ ）（ ）（ ）（ ）（ ）

3. 陆地特征:学校所在地区的海拔高度、地形、地貌等。

               ( )( )( )( )( )

4. 空气状况:指学校所在地区的空气质量。 ( )( )( )( )( )

5. 水资源状况:指学校所在地区的水资源数量、质量。

               ( )( )( )( )( )

6. 生物链群:指学校所在地区的动植物状况。 ( )( )( )( )( )

7. _____:_____。   ( )( )( )( )( )

二、特殊自然环境

1. 气压:指大气的压强。   ( )( )( )( )( )

2. 气温:指空气的冷热程度。   ( )( )( )( )( )

3. 湿度:指大气中水汽量的多少。   ( )( )( )( )( )

4. 风。   ( )( )( )( )( )

5. 太阳辐射。   ( )( )( )( )( )

6. 天气和气候:天气是指某一区在某一瞬时或某一段时间内大气气象要素和天气现象的综合,气候则是指在某一时段内大量天气过程的综合。

               ( )( )( )( )( )

7. _____:_____。   ( )( )( )( )( )

三、经济环境

1. 学校所在省份、地区的国内生产总值。 ( )( )( )( )( )

2. 学校所在地区居民消费类型及水平。   ( )( )( )( )( )

3. 学校所在地区体育市场和产业状况。   ( )( )( )( )( )

4. 学生家庭经济收入和开支状况。   ( )( )( )( )( )

5. _____:_____。   ( )( )( )( )( )

四、制度环境

1. 学校体育相关政策法规制度制定状况。 ( )( )( )( )( )

2. 学校体育相关政策法规制度实施状况。 ( )( )( )( )( )

3. 学校体育相关政策法规制度监督保障状况。 ( )( )( )( )( )

4. 学校体育相关政策法规制度宣传状况。　　（　）（　）（　）（　）（　）

5. _____:_____。　　　　　　　　　　　　（　）（　）（　）（　）（　）

五、基础设施环境

1. 体育场地状况:学校、家庭、社区体育场地的数量、质量,以及学校、社区体育场地的开放、维修状况。　　　　　　（　）（　）（　）（　）（　）

2. 体育设施状况:学校、家庭、社区体育器材设备的数量、质量、维修状况。

（　）（　）（　）（　）（　）

3. 辅助设施状况:教学、训练、课外体育活动中的配套设施的配备及使用状况(例如多媒体、体育服装及其他服务设施)。　　（　）（　）（　）（　）（　）

4. 体育经费状况:学校及学生个人的体育经费数目。

（　）（　）（　）（　）（　）

5. 空间特征:学校在乡村规划中的位置,距城镇的距离以及交通条件等。

（　）（　）（　）（　）（　）

6. _____:_____。　　　　　　　　　　　　（　）（　）（　）（　）（　）

六、社会指导与师资环境

1. 体育教师:学校体育教师的数量、质量、指导教学的风格、行为,以及接受继续教育培训等方面的状况。　　　　（　）（　）（　）（　）（　）

2. 教练员:从事学校业余训练的教练员数量、质量、训练的风格、行为,以及接受继续教育培训等方面的状况。　　（　）（　）（　）（　）（　）

3. 社会体育指导员:学校所在地区社会体育指导员的数量、质量,以及指导学生体育活动的状况。　　　　　　　　（　）（　）（　）（　）（　）

4. 其他指导人员:对学生在校内外各种体育活动进行指导的其他人员数量、职业、指导质量等。　　　　　　　　　（　）（　）（　）（　）（　）

5. _____:_____。　　　　　　　　　　　　（　）（　）（　）（　）（　）

七、精神文化环境

1. 体育传统:指学校内外在体育方面养成的并流行的带有普遍性、重复出现和相对稳定的一种集体行为风尚,包括校内外的体育传统项目、体育特长倾

向、体育风格,以及民俗、宗教体育活动等。　　　(　)(　)(　)(　)(　)

  2. 体育氛围:指学生在学校内外感受到的体育气氛,包括体育人口,家庭、学校、社会等领域各种人群的体育意识、价值观念、体育行为,体育舆论,各种体育组织,体育竞赛,体育活动场所的规划、布置,以及体育信息等。

(　)(　)(　)(　)(　)

  3. 人际关系:指学生在校内外各种体育活动中所建立和形成的个体间、班级间、群体间、师生间的相互联系和影响作用。　(　)(　)(　)(　)(　)

  4. _____:_____。　　　(　)(　)(　)(　)(　)

  再次谢谢您的支持和帮助!

附件3
西北地区农村中小学体育环境及优化研究
专家调查问卷(三)

尊敬的____教授:

您好!

学校体育环境是学生、学校开展体育活动的重要条件和保障;为了确定学校体育环境包含内容、因素及其分类,构建出系统、科学的学校体育环境理论体系,在第二轮问卷的基础上我们又制订了本问卷,期望能再次得到您的帮助。您的回答将给本研究以巨大帮助,特此表示衷心感谢!

学校体育环境理论研究组
2008年4月

结合对各位专家调查问卷反馈信息的归纳整理,学校体育环境二级指标及其划分如下:

学校体育环境
- 自然环境
  - 一般自然环境(指自然环境中没有人类外力影响,自然形成、存在的条件和因素)
  - 特殊自然环境(指学校体育自然环境中部分条件和因素由于人类外力介入、影响而发生变化后形成的现象和状态)
- 社会环境
  - 经济环境(指学校体育所面对的社会经济条件和运行状况)
  - 制度环境(指国家、地区以及学校等不同层面学校体育相关政策法规的制定、实施和监管状况)
  - 基础设施环境(学生在校内外参加体育活动所需的场地器材设施等物质条件及安排设计状况)
  - 社会指导与师资环境(指学校内外指导学生体育活动的人员及指导工作状况)
  - 精神文化环境(指学校在长期办学过程中形成并由全校师生共同遵守的对体育活动的信念、思维、心理和行为态度的一种体育精神文化氛围)

问卷中一到七题分别是我们拟定的学校体育环境的三级指标,请您根据自己的知识和经验对各项指标进行分析,对各项指标的重要程度做出评判,每项指标后面有 5 个括号,从左到右分别代表"非常重要""比较重要""一般""不太重要""很不重要",请在您认为合适的括号内打"√"。若还有其他您认为重要的因素没有陈列出来,也请您进行添加,并同样对其重要程度进行评判。

	非常重要	比较重要	一般	不太重要	很不重要

一、一般自然环境

1. 陆地特征。　　　　　　　　　（ ）（ ）（ ）（ ）（ ）

2. 经度、纬度。　　　　　　　　（ ）（ ）（ ）（ ）（ ）

3. 风。　　　　　　　　　　　　（ ）（ ）（ ）（ ）（ ）

4. 太阳辐射。　　　　　　　　　（ ）（ ）（ ）（ ）（ ）

5. 日照。　　　　　　　　　　　（ ）（ ）（ ）（ ）（ ）

6. 气温。　　　　　　　　　　　（ ）（ ）（ ）（ ）（ ）

7. _____：_____。　　（ ）（ ）（ ）（ ）（ ）

二、特殊自然环境

1. 空气污染。　　　　　　　　　（ ）（ ）（ ）（ ）（ ）

2. 噪声污染。　　　　　　　　　（ ）（ ）（ ）（ ）（ ）

3. 饮食营养。　　　　　　　　　（ ）（ ）（ ）（ ）（ ）

4. _____。　　　　　　　　　　（ ）（ ）（ ）（ ）（ ）

三、经济环境

1. 学校所在省份、地区的国内生产总值。（ ）（ ）（ ）（ ）（ ）

2. 学校所在地区居民消费类型及水平。　（ ）（ ）（ ）（ ）（ ）

3. 学生家庭经济收入和开支状况。　　　（ ）（ ）（ ）（ ）（ ）

4. _____：_____。　　　　　（ ）（ ）（ ）（ ）（ ）

四、制度环境

1. 学校体育相关政策法规制度制订状况。　　（　）（　）（　）（　）（　）

2. 学校体育相关政策法规制度执行状况。　　（　）（　）（　）（　）（　）

3. 学校体育相关政策法规制度监督保障状况。（　）（　）（　）（　）（　）

4. _____：_____。　　　　　　　（　）（　）（　）（　）（　）

五、基础设施环境

1. 体育场地状况。　　　　　　　　　　　　（　）（　）（　）（　）（　）

2. 体育设施状况。　　　　　　　　　　　　（　）（　）（　）（　）（　）

3. 配套设施状况。　　　　　　　　　　　　（　）（　）（　）（　）（　）

4. 体育经费状况。　　　　　　　　　　　　（　）（　）（　）（　）（　）

5. _____：_____。　　　　　　　（　）（　）（　）（　）（　）

六、社会指导与师资环境

1. 体育教师。　　　　　　　　　　　　　　（　）（　）（　）（　）（　）

2. 教练员。　　　　　　　　　　　　　　　（　）（　）（　）（　）（　）

3. 社会体育指导员。　　　　　　　　　　　（　）（　）（　）（　）（　）

4. 其他指导人员。　　　　　　　　　　　　（　）（　）（　）（　）（　）

5. _____：_____。　　　　　　　（　）（　）（　）（　）（　）

七、精神文化环境

1. 时空特征。　　　　　　　　　　　　　　（　）（　）（　）（　）（　）

2. 体育传统。　　　　　　　　　　　　　　（　）（　）（　）（　）（　）

3. 体育氛围。　　　　　　　　　　　　　　（　）（　）（　）（　）（　）

4. 人际关系。　　　　　　　　　　　　　　（　）（　）（　）（　）（　）

5. _____：_____。　　　　　　　（　）（　）（　）（　）（　）

附件4
西北地区农村中小学体育环境调查系列问卷
——学校领导问卷

尊敬的学校领导：

您好！

学校体育环境是影响学生参加体育活动数量和质量的重要条件和保障，为了解西北地区农村中小学体育环境的现状，有针对性地提出优化策略，保障农村中小学生的体育教育权利，促进其身心全面健康发展，我们特设计了此问卷。感谢您在百忙之中抽空完成这份问卷！

问卷中所有信息仅供研究使用，且所有问题的答案没有正误之分，不会给您及家人带来任何不利影响，恳请如实完整填写！

学校体育环境理论研究组
2008年9月

本问卷包括单选、多选两种题型，除了有特别说明的，全是单选。回答方式就是在您认为合适的选项序号上画对勾。若提供的答案中没有合适的选项，可以在"其他"栏中补充填写。

一、个人基本信息

您的性别[(1)男,(2)女],年龄[(1)不到30岁,(2)30~40岁,(3)40~50岁,(4)50岁以上],是否为体育专业[(1)是,(2)不是],到该校年限[(1)不到1年,(2)1~3年,(3)3~6年,(4)6年以上]。

二、态度调查

下面1至20题是关于体育的一些观点，每个观点后面都有5个括号，从1到5依次递增，分别代表了"根本不赞成""比较不赞成""一般""比较赞成""非常赞成"，请在您选择的括号内打"√"。

```
                              1   2   3   4   5
1.我热爱体育运动。           ( )( )( )( )( )
```

2. 体育运动是我们生活中不可缺少的一部分。（　）（　）（　）（　）（　）

3. 参加体育运动能强身健体、增进健康。（　）（　）（　）（　）（　）

4. 参加体育运动能使学生身心放松、缓解学习压力。

（　）（　）（　）（　）（　）

5. 体育运动能丰富校园文化生活。（　）（　）（　）（　）（　）

6. 在与文化课学习冲突时，我不支持学生参加体育运动。

（　）（　）（　）（　）（　）

7. 我本人经常参加体育锻炼。（　）（　）（　）（　）（　）

8. 我经常参加学校有关体育活动。（　）（　）（　）（　）（　）

9. 我很重视学校体育。（　）（　）（　）（　）（　）

10. 本校经常举办各种体育竞赛。（　）（　）（　）（　）（　）

11. 本校体育活动气氛很浓。（　）（　）（　）（　）（　）

12. 本校体育教师业务能力很强。（　）（　）（　）（　）（　）

13. 本校体育教师都很敬业，责任感很强。（　）（　）（　）（　）（　）

14. 我们每个人都应该经常参加体育锻炼。（　）（　）（　）（　）（　）

15. 体育课是必修课，学校必须开足开好体育课。（　）（　）（　）（　）（　）

16. 参加体育锻炼是学生的权利。（　）（　）（　）（　）（　）

17. 在现有条件下，我们学校通常会优先保障语文、数学、物理、化学等课程的需求。（　）（　）（　）（　）（　）

18. 和体育课程相比较，我更重视语文、数学、物理、化学等能体现教学质量的课程。（　）（　）（　）（　）（　）

19. 本地自然条件对于学生从事体育活动非常有利。

（　）（　）（　）（　）（　）

20. 本地四季变更对学校体育工作影响很大。（　）（　）（　）（　）（　）

三、学校及其他信息

1. 本学校属于下面(1)到(20)中的哪些类型？（多选）

(1)完全中学　(2)高级中学　(3)初级中学　(4)九年一贯制学校

(5)小学　(6)教育部门和集体办的学校　(7)民办学校

(8)其他部门办的学校　(9)非体育传统项目学校

(10)国家体育传统项目学校

(11)省级体育传统项目学校 (12)县级体育传统项目学校

(13)寄宿制学校 (14)走读制学校 (15)寄宿、走读混合制学校

(16)国家级重点学校 (17)省级重点学校 (18)市(地区)级重点学校

(19)县级重点学校 (20)普通学校

2. 本校现有班级多少个？(下面选项中 N 代表班级数)

(1) $N \leq 12$ (2) $13 \leq N \leq 18$ (3) $19 \leq N \leq 24$

(4) $25 \leq N \leq 30$ (5) $31 \leq N \leq 35$ (6) $N \geq 36$

3. 目前本校在校学生总人数有多少？

(1)100 及以下 (2)101~200 (3)201~300

(4)301~400 (5)401~600 (6)601~900

(7)901~1200 (8)1201~1500 (9)1501 以上

4. 本校在城乡规划建设中的位置如何？

(1)非乡镇的中心,各村分布比较密集

(2)非乡镇的中心,各村分布比较零散

(3)本乡镇的中心,各村分布比较密集

(4)本乡镇的中心,各村分布比较零散

(5)其他

5. 本校与城镇等较为繁华地区的距离以及交通如何？

(1)30 千米以内,交通便利 (2)30 千米以内,交通不便利

(3)30 千米以上,交通便利 (4)30 千米以上,交通不便利

6. 学校附近有无污染(如水、空气、噪声污染等)存在？

(1)不清楚 (2)没有 (3)有

7. 若有,属于下面哪个(些)方面的污染？(可多选)

(1)附近有电场(或煤厂、矿区、造纸厂、石灰厂等),经常排放有毒有害的气体

(2)附近有电场(或煤厂、矿区、造纸厂、石灰厂等),经常排放有毒有害的液体

(3)学校附近的厂矿(或农贸市场等)的生产经营活动,经常发出巨大的

噪声

(4)农耕、农收时,学校周边村庄农民焚烧麦秸,会有很大的烟雾灰尘

(5)农田、果园经常用农药杀虫灭害,空气中有浓郁的农药气味

(6)其他

8.您了解与学校体育工作相关的法律、法规、政策、制度内容,以及实施办法吗?

(1)不清楚　(2)非常了解　(3)比较了解

(4)有的了解,有的不了解　(5)比较生疏　(6)非常生疏

9.您认为学校现有场地(馆)的数量如何?

(1)不清楚　(2)非常充足　(3)比较充足

(4)一般　(5)有些不足　(6)严重不足

注:选择(1)(2)(3)(4)者直接回答第11题,选择(5)(6)者回答下一问后,回答第12题。

10.你们学校在体育场地(馆)欠缺的情况下如何开展学校体育工作?

(1)不清楚　(2)停止所有体育活动

(3)在现有场地情况下,把学生"放羊",让学生自由活动

(4)勉强开展　(5)想办法寻找校内外其他场地(所)开展

11.您认为你们学校体育场地(馆)、器材设施的安排、摆放如何?

(1)不清楚　(2)非常整齐　(3)比较整齐

(4)一般　(5)比较凌乱　(6)非常凌乱

12.您认为你们学校体育场地(馆)、器材设备的规划设计以及色彩的搭配如何?

(1)不清楚　(2)非常和谐优美　(3)比较和谐优美

(4)一般　(5)比较难看　(6)非常难看

13.您认为你们学校体育场地(馆)周围的绿化状况如何?

(1)不清楚　(2)非常好　(3)比较好

(4)一般　(5)比较差　(6)非常差

14. 你们学校体育场地(馆)周围什么情况下会有体育的宣传图片、口号和标语？

(1)不清楚　　　　　　(2)经常有　(3)重大体育活动时

(4)上级领导来检查时　(5)开学初　(6)从来没有

15. 您认为学校现有体育器材设备的数量如何？

(1)不清楚　(2)非常充足　(3)比较充足

(4)一般　(5)有些不足　(6)严重不足

注：选择(1)(2)(3)(4)者直接回答第17题，选择(5)(6)者接着回答下一问后，回答第18题。

16. 贵校在体育器材设备欠缺的情况下如何开展学校体育工作？

(1)不清楚　(2)停止所有体育活动　(3)让学生自由活动

(4)利用现有器材设备勉强开展

(5)多种途径寻找体育器材设备满足需要

(6)因地制宜自己开发体育资源

17. 本校有关于体育教师的引进、培训计划吗？

(1)不清楚　　　　　　(2)没有　　　　　(3)有

18. 本校为学生进行健康体检的频率如何？

(1)不清楚　(2)每年一次　(3)两年一次

(4)新生刚入校和毕业班升学考试前

(5)不定期,上级(或有关部门)要求就进行　(6)其他

19. 本校学生健康档案健全吗？

(1)不清楚　(2)比较健全

(3)没有建立,暂时也没列入本校规划中

(4)不太健全,只有部分档案

(5)没有建立,但正在考虑建立,已列入规划中

20. 本校有体育活动月(周/日)、体育艺术节吗？

(1)不清楚　　　　　(2)没有　　　　　(3)有

21. 本校有体育类知识讲座、培训、演讲、竞赛、征文、绘画、摄影等活动吗？

(1)不清楚　　　　　(2)没有　　　　　(3)有

22. 本校有"体育小明星""体育小健将""体育活动标兵"之类的评选活动吗?

(1)不清楚　　　　(2)没有　　　　(3)有

23. 你们学校全校性运动会的举办频率是?

(1)从不举行　(2)不定期举行　(3)每年举办一次　(4)每年举办两次

(5)不清楚

24. 你们学校举办过当地民族传统体育项目竞赛吗?

(1)不清楚　(2)没有　(3)举办过(请填写出具体内容:_____)

25. 你们学校有业余训练队吗?

(1)有,目前男队(　)支,训练项目是(　　);女队(　)支,训练项目是(　　)

(2)有比赛任务时才可能组建

(3)一直没有

注:选(3)者跳至第31题继续作答。

26. 你们学校从事业余训练的教练员如何选拔?

(1)不清楚　(2)聘任专业教练员　(3)体育组固定教师兼任

(4)体育组教师轮流兼任

27. 你们学校从事业余训练的教练员接受过专门的"教练员培训"吗?

(1)不清楚　(2)没有　(3)部分接受过　(4)都接受过

28. 你们学校业余训练队训练时间如何安排?

(1)不清楚　(2)一年四季除节假日之外天天训练

(3)一年四季包括节假日天天训练

(4)正常教学时每周训练2~3次

(5)不固定,没有规律

29. 你们学校业余训练有专门的场地(馆)吗?

(1)不清楚　(2)没有　(3)有的项目有　(4)所有项目都有

30. 你们学校业余训练经费如何安排?

(1)不清楚　(2)没有任何经费

(3)学校每年专门拨发一定比例训练经费

(4)企业(或其他单位)支持赞助

(5)有比赛任务前才临时申请领取

31. 本校在举办运动会、越野赛、会操等大型体育活动时采取了下列哪些安全措施？（可多选）

(1)成立临时的安全管理组织机构

(2)有针对性地对学生进行安全教育

(3)安排必要的管理人员,明确所负担的安全职责

(4)制订安全应急预案,配备相应设施

32. 自2005年至2008年,在学校体育活动中有伤害事故发生吗？

(1)不清楚　(2)没有　(3)有,共(　　)起

33. 本校所在地区有民族性(或宗教性)的传统体育盛会吗？

(1)不清楚　(2)没有　(3)有(请列出体育盛会的名称:____)

34. 本校所在地区有长期开展的群众基础良好、社会影响较大的体育传统项目吗？

(1)不清楚　(2)没有　(3)有(请列出项目的名称:____)

35. 本校所在乡镇有儿童青少年体育活动中心或体育俱乐部吗？

(1)不清楚　　　　　(2)现在没有,也没有相关建设计划

(3)现在没有,但已经在政府的建设计划中

(4)有,但很少使用　　(5)有,且使用频率较高

(6)其他

36. 本校所在乡镇有公用的体育场馆吗？

(1)不清楚　　　　　(2)现在没有,也没有相关建设计划

(3)现在没有,但已经在政府的建设计划中

(4)有,但很少使用　　(5)有,且使用频率较高

(6)其他

37. 本校所在乡镇有社会体育指导员吗？

(1)不清楚　(2)没有　(3)有,但数量很少　(4)有,挺多的

38. 本校所在乡镇体育宣传如何？

(1)不清楚　(2)没有　(3)有,但数量很少　(4)有,挺多的

注：选择(1)(2)者直接回答第40题，选择(3)(4)者接着回答下一问后，回答第41题。

39. 若有，都采取过下面哪些形式？

(1)不清楚　　　　　　　　　　(2)报栏、信息栏张贴、书写宣传内容

(3)召开专门的宣传、学习大会　(4)散发传单、纪念品

(5)街道、村庄悬挂宣传标语或横幅　(6)小品、文艺表演等形式

(7)流动宣传车用大喇叭进行广播　(8)其他形式

40. 在评价学校体育工作优劣时，您通常比较注重的是哪些方面？（可多选）

(1)运动队参加竞赛的成绩和名次　(2)学生体质达标状况

(3)体育课教学质量　　　　　　　(4)课外体育活动开展状况

(5)学生体质增强状况　　　　　　(6)其他

41. 请对您所选的内容按重要程度从高到低进行排序：_____。

42. 为了给学生营造一个良好的体育环境，您认为目前你们学校应该着手抓哪些工作？（可多选）

(1)加大场地器材的投资建设

(2)加大场地(馆)设施的开放力度

(3)动员全校关注、参与体育运动

(4)组织、参加各种体育竞赛

(5)提高体育教师的专业水平

(6)加大校内对体育的宣传力度

(7)加强学校体育与家庭、社会体育的沟通联系

(8)其他

43. 请对您所选的内容按重要程度从高到低进行排序：_____。

再次谢谢您的支持和帮助！

附件5
西北地区农村中小学体育环境调查系列问卷
——体育组长问卷

尊敬的体育组长：

您好！

学校体育环境是影响学生参加体育活动数量和质量的重要条件和保障，为了解西北地区农村中小学体育环境的现状，有针对性地提出优化策略，保障农村中小学生的体育教育权利，促进其身心全面健康发展，我们特设计了此问卷，恳请您根据你校的具体情况填写这份问卷，在此对您表示衷心的感谢！

本问卷中的问题涉及学校所在地区环境、学校体育师资、经费、场地、器材设施等，包括填空、选择两类题型，所有问题的答案都没有正误之分，且所有资料仅作学术研究使用，不会给您及家人带来任何不利影响，请如实完整填写。谢谢您的支持！

学校体育环境研究组
2008年9月

一、自然环境及影响调查

请根据表2给出的体感温度、紫外线照射强度空气质量与锻炼指数的对应关系，对表1中学校所在地区一年四季两项指标的级别做出恰当的判定。

表1 本校所在地区体感温度、紫外线照射强度级别评定表

	春季	夏季	秋季	冬季
体感温度级别				
紫外线照射强度级别				
空气质量级别				

表2 体感温度、紫外线照射、空气质量与锻炼指数的对应关系表

体感温度及锻炼指数			紫外线照射强度及锻炼指数			空气质量及锻炼指数		
级别	身体感觉	适合锻炼程度	级别	强度	适合锻炼程度	级别	受污染程度	适合锻炼程度
1级	非常凉	很不适合	一级	非常弱	非常适合	甲级	非常小	非常适合
2级	比较凉	比较适合	二级	比较弱	比较适合	乙级	比较小	比较适合
3级	舒适	非常适合	三级	一般	一般适合	丙级	一般	一般适合
4级	比较热	比较适合	四级	比较强	不太适合	丁级	比较严重	不太适合
5级	非常热	很不适合	五级	非常强	非常不适合	戊级	非常严重	非常不适合

二、体育教师相关信息调查

1.本校现有在册学生( )人;体育教师( )人,其中专职教师( )人,少数民族( )人,女性( )人,学历达标者( )人,获得教师资格证者( )人,与学校有正式聘任合同的( )人;体育教师中特级教师( )人,高级教师( )人,中级教师( )人,初级教师( )人。

2.因城镇教师支援农村教育工作而到本校工作的体育教师有( )人,本省的"农村义务教育阶段学校教师特设岗位计划"中为本校特设体育教师岗位( )个。

3.自2000年至2008年,本校体育教师受到过哪些奖励和惩罚?请根据实际完成表3。

表3 体育教师奖惩人数登记表

	奖							惩	
	教育教学	培养人才	科学研究	教学改革	学校建设	社会服务	勤工俭学	行政处分	解聘
人数									
次数									
合计									

4.体育教师接受过什么样的培训？请根据本校实际情况完成表4。

表4　体育教师接受各种培训人数、民族统计表

接受各级培训的名称、内容	时间	本校接受培训体育教师人数	汉族教师人数
新任教师培训	2005年至2008年		
教师岗位培训			
骨干岗位培训			
学历教育			
教职工安全教育培训			
西部农村教师国家级远程培训	2007年		
本省(自治区)教育技术应用能力培训	2008年		
教育部委托有关学院"送培到省"和"送教上门"	2008年		
中西部农村义务教育学校教师国家级远程培训	2008年		
西部初中骨干体育教师国家级培训	2008年		
全国体育传统项目学校体育教师培训	2008年		

5.请根据实际对本校体育教师素质水平进行评价：在表5中评价级别内合适的选项上打对勾。

表5　体育教师专业知识、技能评价统计表

评价指标		评价级别				
		非常好	比较好	一般	比较差	非常差
道德品质	政治思想					
	事业心、责任感					
	个人修养与品质					

续表

评价指标		评价级别				
		非常好	比较好	一般	比较差	非常差
理论基础与知识	基础理论知识:包括人体器官结构、生理机能变化特点和规律等					
	专业知识与技能:包括体育本质、目的任务、体育教学规律、特点及教学原则、方法;各个运动项目的基本理论、战术、裁判,以及训练的原理、方法等					
	教育学心理学知识					
	横向学科知识:体育社会学、体育史、体育哲学、体育美学等					
专项技能技术:各个项目的运动理论与技术技能、休闲体育、娱乐体育项目等						
教育思想与教育观念						
专业工作能力	教学能力:对课程标准、教学指导纲要、学校体育工作条例等文件的理解和贯彻能力,制订教学管理措施和办法的能力,对教学效果进行客观评价的能力,制订各种教学文件的能力,选择、加工、开发教材的能力,创造性地设计教学策略的能力,严密的教学组织能力,调动学生学习与锻炼积极性的能力,及时反馈教学信息并采取针对性措施的能力等					
	教育能力:教书育人,为人师表					
	训练能力:制订和实施训练计划的能力,科学选材、科学训练的能力,管理代表队和组织比赛的能力					

续表

评价指标		评价级别				
		非常好	比较好	一般	比较差	非常差
专业工作能力	运动能力:规范熟练的动作示范,把握动作技术环节,及时发现与合理纠错					
	组织能力:能正确运用队列队形组织开展"两操一课"活动的能力;能担任各种临场裁判工作,组织开展"达标"活动和中小型运动会的能力					
	科研和创新能力					
	社会交往能力					
心理品质和体魄						

6.本校教师通过哪些方式招聘?

(1)本地区(县)体育教师招考　(2)校园招聘

(3)网上招聘　　　　　　　　(4)招聘洽谈会

三、学校举办体育竞赛活动的情况

表6　2005年至2008年举办体育竞赛活动调查表

名称	次数	名称	次数	名称	次数
越野赛		乒乓球赛		拔河比赛	
篮球赛		羽毛球赛		风筝比赛	
足球赛		跳棋比赛		踢毽子比赛	
排球赛		跳绳比赛		广播体操比赛	
校园集体舞比赛		其他比赛:(请写出具体内容和次数)			

四、体育经费信息调查

请根据本校实际填写每年体育经费投入和开支。

表7 学校年度体育经费投入和开支调查表

年度	年度投入(元)			年度体育开支(元)					
	教育经费	体育经费	学生人均体育经费	体育器材	业余训练	竞赛活动	体育日常开支	教师进修	其他
2005									
2006									
2007									
2008									
合计									

五、请在表8、表9中如实填写本校现有体育器材设备和场地的数量,并在符合《国家学校体育卫生条件试行基本标准》的项目上打对勾

表8 学校现有器材设备统计表

器材名称	数量	单位	器材名称	数量	单位	器材名称	数量	单位
接力棒		支	小栏架		副	钻圈架		副
跨栏架		副	发令枪		支	标志杆(筒)		根
秒表		块	跳高架		副	跳高横竿		根
跳箱		台	山羊		台	助跳板		块
小沙包		个	垒球		个	铅球		个
实心球		个	投掷靶		个	皮尺		卷
小体操垫		块	大体操垫		块	高单杠		副
低单杠		副	高双杠		副	低双杠		副
爬绳		副	爬竿		副	棍		根
剑(刀)		柄	平梯		架	肋木架		间
短跳绳		根	毽子		个	拔河绳		根
长跳绳		根	小篮球架		副	小篮球		个

续表

器材名称	数量	单位	器材名称	数量	单位	器材名称	数量	单位
篮球架		副	篮球		个	足球		个
小足球		个	小足球门		副	软式排球		个
排球架		副	足球门		副	乒乓球拍		副
乒乓球台		张	羽毛球拍		副	板羽球拍		副
羽毛球网架		副	乒乓球架		副	羽毛球		个
板羽球		个	乒乓球		个	录音机		台
肺活量测试仪		台						

表9 学校现有体育场馆(地)统计表

名称	个数	单位	名称	个数	单位	名称	个数	单位
室内400米(环形)塑胶田径场		个	室外篮球场		个	室内田径馆		个
室内300米(环形)塑胶田径场		个	室外排球场		个	室内篮球场		个
室内200米(环形)塑胶田径场		个	室外羽毛球场		个	室内排球场		个
室内400米(环形)煤渣田径场		个	室外网球场		个	室内羽毛球场		个
室内300米(环形)煤渣田径场		个	室外乒乓球场		个	室内网球场		个
室内200米(环形)煤渣田径场		个	室外游泳池		个	室内乒乓球场		个
室外400米(环形)土田径场		个	室外小足球场		个	室内足球场		个

续表

名称	个数	单位	名称	个数	单位	名称	个数	单位
室外300米(环形)土田径场		个	室内体育综合馆		个	室内游泳池		个
室外200米(环形)土田径场		个	室外标准足球场		个	体育器材室		间
器械体操和游戏区		平方米	体育资料室		个	医务室		个
体育教师办公室		间	其他(请写出名称和数量)					

再次感谢您的支持与合作!

附件6
西北地区农村中小学体育环境调查系列问卷
——体育教师问卷

尊敬的老师：

您好！

学校体育环境是影响学生参加体育活动数量和质量的重要条件和保障，为了解西北地区农村中小学体育环境的现状，有针对性地提出优化策略，保障农村中小学生的体育教育权利，促进其身心全面健康发展，我们特设计了此问卷。感谢您在百忙之中抽空完成这份问卷！

问卷中所有信息仅供学术研究使用，不会给您及家人带来任何不利影响，恳请如实填写！

学校体育环境理论研究组
2008年9月

本问卷包括单选、多选和填空三种题型，填空直接填在括号内，选择题除了特别说明，均为单选。所有选择题回答方式，都是在您认为合适的选项序号上画对勾。若提供的答案中没有合适的选项，可以在"其他"一栏中补充填写。

一、个人基本信息

1.您的性别[(1)男,(2)女],年龄[(1)30岁以下,(2)30~40岁,(3)41~50岁,(4)50岁以上],学历[(1)硕士及以上,(2)本科,(3)大专及以下],职称[(1)特级教师,(2)高级教师,(3)一级教师,(4)二级教师],目前平均月收入[(1)400元及以下,(2)401~800元,(3)801~1000元,(4)1000元以上]。

2.您是否属于专职体育教师[(1)属于,(2)不属于],带体育课年限[(1)不到1年,(2)1~3年,(3)4~6年,(4)6年以上],是否有教师资格证[(1)有,(2)没有],接受过几次体育专业学习或培训[(1)0次,(2)1次,(3)2次,(4)3次及以上]。

二、学校及其他信息

1.你们学校附近有哪些可以利用的课程资源?(可多选)

(1)免费的公共设施　(2)山坡　(3)河流　(4)沙滩

(5)森林　　　　　　(6)空地　(7)其他

2.你们学校附近一千米以内有哪些公共健身设施?(可多选)

(1)什么都没有　(2)全民健身器材　(3)乒乓球台

(4)篮球场　　　(5)羽毛球场　　　(6)其他

3.您认为本校所在地区自然环境(如气温、气候类型、空气湿度、体感舒适度等)对学生参加体育活动来说合适吗?

(1)不清楚　(2)非常合适　(3)比较合适

(4)一般　　(5)不太合适　(6)很不合适

4.您认为本校所在地区四季的变更、交替对学生参加体育活动影响程度大吗?

(1)不清楚　(2)非常大　(3)比较大

(4)一般　　(5)比较小　(6)非常小

5.你们学校目前从事学校体育教学(训练、科研等)工作的专职体育教师有多少人?

(1)0人　(2)1人以上

注:选(1)者直接跳至第18题继续回答。

6.你们学校体育组教师能否给学生营造出一种宽松、民主、活泼的学练环境?

(1)不清楚　(2)都能　(3)大部分能　(4)个别教师能　(5)都不能

7.你们学校体育组有多少教师在课外给学生进行辅导?

(1)不清楚　　(2)全体教师　(3)大部分教师

(4)个别教师　(5)没有人

8.体育组教师在学校体育活动中有无殴打、体罚学生的现象存在?

(1)不清楚　(2)根本没有　(3)个别教师偶尔有

(4)个别教师经常有　(5)很多教师经常有

9.从2005年至今,体育组所有教师都接受过至少一次的教师职业技能培训吗?

　　(1)不清楚　　　(2)否　　　(3)是

10. 您认为学校对体育教师参加继续教育和培训工作的态度如何?

　　(1)不清楚　　　　(2)非常支持　(3)比较支持

　　(4)不支持也不反对　(5)比较反对　(6)非常反对

11. 你们学校体育教师的工作服装如何发放?

　　(1)每年都购买发放　(2)每年不发服装,只发一点服装补助自行购买

　　(3)几年才发一次服装费用

　　(4)没有发过服装,也没有服装补助

　　(5)不清楚　(6)其他

12. 你们学校体育教师接受公费体检的时间如何安排?

　　(1)不清楚　(2)一年两次　(3)一年一次　(4)两年一次

　　(5)不定期,没有规律　(6)没有体检过　(7)其他

13. 你们学校体育教师工资有没有被拖欠、克扣?

　　(1)过去出现过,现在没有了　(2)偶尔会出现　(3)经常出现

　　(4)没有出现过　　　　　　(5)其他

14. 体育教师的工作中,你们学校计算工作量的有哪些?(可多选)

　　(1)说不清楚　(2)组织课间操(早操)　(3)组织课外体育活动

　　(4)组织课余训练　(5)组织体育竞赛　(6)体育课　(7)其他

15. 你们学校体育教师目前能正常享受的津贴、补助包括下面哪些方面?(可多选)

　　(1)艰苦边远地区津贴　(2)岗位津贴　(3)职务津贴

　　(4)服装津贴　(5)其他

16. 你们学校体育教师在工资、福利待遇及职称评审等方面与其他任课教师一致吗?

　　(1)不清楚　(2)完全一致　(3)有些方面不一致　(4)各方面都不一致

17. 您认为现有体育教师人数,对于满足学校体育各项工作来说如何?

　　(1)不清楚　(2)非常充足　(3)比较充足

　　(4)刚好　(5)比较紧张　(6)非常紧张

18. 您认为学校近几年的体育经费数量如何？

(1)不清楚　(2)非常充足　(3)比较充足

(4)刚好　(5)有些欠缺　(6)严重不足

19. 你们学校学生人均体育场地面积是多少？

(1)不清楚　(2)4平方米以下　(3)4~5平方米　(4)5平方米以上

20. 对于学校体育各项工作来说，您认为学校现有体育场地的数量如何？

(1)不清楚　(2)非常充足　(3)比较充足

(4)刚好　(5)有些欠缺　(6)严重不足

21. 对于学校体育各项工作来说，您认为学校现有体育器材设备的数量如何？

(1)不清楚　(2)非常充足　(3)比较充足

(4)刚好　(5)有些欠缺　(6)严重不足

22. 据您所知，你们学校有关于体育场地、器材设备的建设、添置计划吗？

(1)不清楚　(2)都没有　(3)只有体育场地的建设计划

(4)只有器材设备的添置计划　(5)都有

23. 你们学校内的体育场地设施的通风、采光情况如何？

(1)不清楚　(2)很好，没有被遮挡　(3)有一部分被遮挡

(4)很差，周围全是建筑物，几乎挡完了　(5)其他

24. 你们学校体育场地(馆)、器材设备通常由谁来管理？

(1)不清楚　(2)没有人　(3)没有固定人员　(4)体育组长

(5)体育教师轮流管理　(6)非体育组人员专门管理

25. 你们学校现有体育场地(馆)有没有被占用、挪用现象存在？

(1)不清楚　(2)从来没有　(3)过去有,现在没有

(4)偶尔有　(5)经常被侵占

26. 你们学校对体育场地(馆)的维修、维护工作如何进行？

(1)不清楚　(2)从来不维修　(3)定期维修　(4)不定期进行维修

27. 体育器材室(兼教师办公室)的安全(包括房屋的牢固程度、水、电等)检查频率如何？

(1)不清楚　(2)从不进行　(3)不定期进行　(4)定期进行

(5)出现安全事故之后才进行　(6)其他

28. 你们校体育场地设施等处设有警示标志或者保护措施吗？

(1)不清楚　(2)全部都有　(3)部分地方有　(4)根本没有

29. 你们学校现有体育场地(馆)对学生开放吗？

(1)不清楚　(2)从来不开放

(3)我们学校体育场地本身就跟没封闭一样

(4)部分开放　(5)全部开放

注：选(1)(2)者跳至第33题接着回答,选(3)(4)者接着回答下面三个问题后,跳至第34题。

30. 如果开放,开放时间如何安排？

(1)不清楚　(2)不定期,偶尔开放　(3)每周定期开放　(4)寒暑假开放

(5)节假日都开放　(6)全天候　(7)周一到周五非教学时间开放

(8)双休日开放

31. 开放的体育场馆收费吗？

(1)不清楚　(2)免费开放　(3)部分场地收费　(4)都要收费

32. 收费开放的场馆对所有人群都收费吗？

(1)对学生不收费,对外收费

(2)都收费,但学生的收费标准低于居民

(3)所有人收费标准一致

33. 你们学校体育课通常安排在每天的什么时间？

(1)不清楚　　　　　　　　　　(2)正常教学的每节课

(3)除了早上第一节之外其他教学时间　(4)上午

(5)下午　　　　　　　　　　　(6)其他时间

34. 你们学校的体育课是否按照课表严格执行？

(1)严格按课表执行　(2)基本按课表执行,偶尔会调、停课

(3)根本不按照课表执行

35. 你们学校的体育课在现有场地资源条件下如何开展学校体育工作？

(1)不清楚　(2)停止体育活动　(3)放羊,自由活动

(4)勉强开展　(5)寻找校内外场地开展

36. 你们学校目前体育教学使用什么教材(课本)?

(1)不清楚　(2)没有教材　(3)有国家统编教材

(4)有地区统编教材　(5)有校本教材

(6)其他教材(请写出该教材的编写者、出版社及出版时间等)

37. 你们学校对体育课观摩、考核与评价的频率如何?

(1)不清楚　(2)从来不进行　(3)1次/天　(4)1次/周

(5)1次/2周　(6)1次/月　(7)半个学期一次　(8)一学期一次

(9)一学年一次　(10)不定期进行　(11)其他

38. 除了体育课之外,你们学校课表和作息制度中还要求学生参加下面哪些体育活动?(可多选)

(1)早操　(2)课间操　(3)班级体育活动

(4)大课间活动　(5)自由体育锻炼

39. 除了体育教师之外,课外与学生一起参加体育活动的人还包括下面哪些人?(可多选)

(1)校长　(2)团或少先队领导　(3)班主任

(4)其他任课教师　(5)家长　(6)其他人员

40. 你们学校举办过健康亲子活动吗?

(1)不清楚　　(2)没有　　(3)举办过

41. 你们学校组织过学生参加户外活动(包括爬山、远足、野炊等)吗?

(1)不清楚　　(2)没有　　(3)举办过

42. 教育部于2007年9月1日起开始实施的中小学校园集体舞在你们学校开展情况如何?

(1)本校目前还没有开展　(2)每天在大课间操中开展

(3)每周专门集中时间开展2~3次　(4)不定期开展　(5)其他

43. 你们学校学生参加体育活动的服装通常如何安排?

(1)没有统一服装　(2)每个班级都有统一服装

(3)每个年级有统一服装　(4)全校有统一服装

(5)部分年级、部分班级有自己统一的服装

44. 你们学校学生有自己体育学习、锻炼的口号用语吗?

(1)没有　(2)有校级口号　(3)有年级口号　(4)有班级口号

(5)个别年级、个别班级有　(6)不知道

45. 您觉得你们学校对于学校体育、健身等宣传工作做得如何?

(1)不清楚　(2)从来不做

(3)一般,有宣传,但内容更新变换很少

(4)非常好,经常更新变换宣传内容

46. 你们学校内什么情况下会有浓郁的体育活动气氛?

(1)不清楚　(2)有重大体育活动时　(3)有领导检查时

(4)每学期或学年初　(5)经常有　(6)从来就没有过

(7)不定期　(8)其他

47. 全国亿万学生阳光体育运动开始实施后,你们学校发生了什么变化?

(1)不清楚　(2)对体育、学生体质开始有所重视

(3)课外体育活动丰富起来,学生锻炼时间增加了

(4)全面实施《国家学生体质健康标准》

(5)体育教学保质保量　(6)其他变化

48. 你们学校实施《国家学生体质健康标准》的情况如何?

(1)说不清楚　(2)没有实施,暂不在学校工作计划之内

(3)没有实施,但已经列入计划

(4)本校部分年级已经开始实施

(5)目前已全部实施,正逐步进入正轨

49. 你们学校体育组参加过哪些对学生的安全教育工作?(可多选)

(1)从没进行过　(2)交通　(3)消防　(4)戏水、游泳等

(5)人身安全(自我保护)　(6)其他

50. 农村中小学现代远程教育工程实施后,你们学校体育组使用情况如何?

(1)不清楚　(2)我们学校现在还有卫星教学接收和播放系统

(3)体育组部分教师用过　(4)体育组从来没用过　(5)其他

51. 作为一名教师,您是否知道自己的权利与义务?

(1)完全知道　(2)不太清楚,只知道一部分

(3)根本不知道　(4)其他

52.您了解与教育、学校体育工作相关的法律、法规、政策、制度内容及实施办法吗?

(1)不清楚　　(2)非常了解　　(3)比较了解

(4)有的了解,有的不了解　　(5)比较生疏　　(6)非常生疏

53.在自身权益受到侵害时,您通常如何解决?

(1)蛮干,靠自己的武力解决

(2)虽然不满,但无可奈何只能被动接受

(3)无动于衷,逆来顺受

(4)积极寻求正当、合法途径

(5)视被侵权的范围和大小来决定

(6)其他

54.对于违反教育、学校体育相关法律法规的行为,本区域内通常会如何处理和解决?

(1)不清楚

(2)处理标准不一致,因人而异,弹性很大

(3)严格按照法律规定处理

(4)基本能按照规定处理

(5)大部分都不按规定处理

(6)根本不按规定处理

55.你们学校领导是否关注、参与学校体育各项工作计划的制订过程?

(1)不清楚　　　　(2)经常关注并参与　(3)只是关注但并不参与

(4)偶尔会关注、参与　(5)从来不参与　　(6)其他

56.你们学校领导是否检查、监督学校体育各项工作计划的实施过程?

(1)不清楚　(2)是,经常检查监督　(3)偶尔会检查监督　(4)根本不管

57.从整体上来讲,您认为你们学校对学校体育工作的重视程度如何?

(1)不清楚　(2)非常重视　(3)比较重视

(4)一般　(5)不太重视　(6)很不重视

58. 您感觉在学校体育的各项工作中,学校领导比较注重的是哪些方面?(可多选)

(1)运动队参加竞赛的成绩和名次　(2)学生体质达标状况

(3)体育课教学质量　　　　　　　(4)课外体育活动开展状况

(5)学生体质增强状况　　　　　　(6)其他

59. 请对您所选的内容按学校领导重视的程度从高到低进行排序:_____。

60. 您认为目前影响学生参加体育活动数量和质量的因素有哪些?(可多选)

(1)场地器材的数量欠缺　　　　(2)场地器材的质量太差

(3)体育教师的专业水平较低　　(4)学生家长不支持

(5)学生的体育兴趣不高　　　　(6)缺少一起活动的伙伴

(7)缺少积极活跃的体育气氛　　(8)不会锻炼的方法

(9)缺少体育活动的经费　　　　(10)学生身体状况不好

(11)学生负担过重,没有时间　　(12)没有人进行指导

(13)其他

61. 请对您所选的内容按重要程度从高到低进行排序:_____。

62. 为了给学生营造出一个良好的体育环境,您认为目前你们学校应该着手抓哪些工作?(可多选)

(1)加大场地器材的投资建设　　(2)加大场地(馆)设施的开放力度

(3)动员全校关注、参与体育　　(4)组织、参加各种体育竞赛

(5)提高体育教师的专业水平　　(6)加大校内对体育的宣传力度

(7)加强学校体育与家庭、社会体育的沟通联系　(8)其他

63. 请对您所选的内容按重要程度从高到低进行排序:_____。

再次感谢您的支持与帮助。

附件7
西北地区农村中小学体育环境调查系列问卷
——学生问卷

亲爱的同学：

你好！

学校体育环境是影响学生参加体育活动数量和质量的重要条件和保障。为了解西北地区农村中小学体育环境的现状，有针对性地提出优化策略，保障农村中小学生的体育教育权利，促进其身心全面健康发展，我们特设计了此问卷，请根据你校的具体情况填写这份问卷，在此对你表示衷心的感谢！

本问卷中的答案没有正误之分，且所有资料仅作学术研究使用，不会给你及家人带来任何不利影响，请如实作答。问卷里包括单选、多选、填空、排序等题型，请根据每道题的要求、提示，尽量把所有题目填写完整。谢谢你的支持！

学校体育环境理论研究组

2008年9月

一、学校基本信息调查（请在正确信息上画对勾）

1. 你们学校属于[(1)陕西省,(2)甘肃省,(3)宁夏回族自治区,(4)青海省,(5)新疆维吾尔自治区]，是一所[(1)完全中学,(2)高级中学,(3)初级中学,(4)九年一贯制,(5)小学)]。

2. 你的性别是[(1)男,(2)女]，民族是[(1)汉族,(2)维吾尔族,(3)哈萨克族,(4)回族,(5)藏族,(6)乌孜别克族,(7)蒙古族,(8)塔吉克族,(9)锡伯族,(10)俄罗斯族,(11)塔塔族,(12)满族,(13)柯尔克孜族,(14)其他民族]，你家离学校的路程大概有[(1)不知道,(2)1千米之内,(3)1~6千米,(4)6~10千米,(5)10千米以上]，是否在学校住宿[(1)不在,(2)在]；你们班现有学生[(1)不到40人,(2)40~48人,(3)48人以上]，每周可以上[(1)0,(2)1,(3)2,(4)3,(5)4]次体育课。

二、体育态度、体育教师、体育场地器材设备信息调查

本题为单选题,每小题后面有五个括号,从左到右呈递增趋势,分别表示"很不赞同""不太赞同""说不清楚""比较赞同""非常赞同",请在你认为合适的括号内打上对勾"√"。

1. 体育锻炼能强身健体,使我更健康。　　　( )( )( )( )( )
2. 体育锻炼能改善和促进同学们之间的关系。( )( )( )( )( )
3. 体育运动能使我身心放松、缓解学习压力。( )( )( )( )( )
4. 我热爱体育运动。　　　　　　　　　　　( )( )( )( )( )
5. 我们每个人都应该经常参加体育锻炼。　　( )( )( )( )( )
6. 体育课是必修课,学校必须给我们上体育课。( )( )( )( )( )
7. 参加体育锻炼是我的权利。　　　　　　　( )( )( )( )( )
8. 体育教师上课态度很认真。　　　　　　　( )( )( )( )( )
9. 体育教师在课堂上给我们教了很多有用的东西。
　　　　　　　　　　　　　　　　　　　　( )( )( )( )( )
10. 体育教师在课堂上的讲解、示范很清楚。 ( )( )( )( )( )
11. 我们的体育课很有意思,大家都喜欢上。 ( )( )( )( )( )
12. 体育教师在体育活动中对所有的同学一视同仁。
　　　　　　　　　　　　　　　　　　　　( )( )( )( )( )
13. 体育教师经常在课外体育活动中指导我们。( )( )( )( )( )
14. 体育教师对同学们很有耐心。　　　　　 ( )( )( )( )( )
15. 我很喜欢我们的体育教师。　　　　　　 ( )( )( )( )( )
16. 体育教师看上去很精神、很健康。　　　 ( )( )( )( )( )
17. 体育教师和同学们关系非常融洽。　　　 ( )( )( )( )( )
18. 学校现有体育场地很充足,能满足我们的体育需求。
　　　　　　　　　　　　　　　　　　　　( )( )( )( )( )
19. 学校现有体育场地质量很好。　　　　　 ( )( )( )( )( )
20. 学校体育场地、器材设备的颜色搭配非常醒目、舒适。
　　　　　　　　　　　　　　　　　　　　( )( )( )( )( )
21. 学校体育场地周围绿化很好。　　　　　 ( )( )( )( )( )

22. 学校体育场地整体布局很合理、很协调。　( )( )( )( )( )
23. 学校体育场地周围环境很差。　( )( )( )( )( )
24. 学校现有体育器材设备很充足,能满足我们的需要。

　　　　　　　　　　　　　　　　( )( )( )( )( )
25. 学校现有体育器材设备质量很好。　( )( )( )( )( )
26. 校外能进行体育锻炼的场地非常少。　( )( )( )( )( )
27. 校外进行体育锻炼的场地质量很不好。　( )( )( )( )( )
28. 校外进行体育锻炼的场地周围绿化很好。( )( )( )( )( )
29. 校外进行体育锻炼的场地整体布局很合理、很协调。

　　　　　　　　　　　　　　　　( )( )( )( )( )
30. 校外进行体育锻炼的场地周围环境很差。( )( )( )( )( )
31. 校外进行体育锻炼时器材设备非常短缺。( )( )( )( )( )
32. 校外进行体育锻炼所使用的器材设备很简陋、陈旧。

　　　　　　　　　　　　　　　　( )( )( )( )( )
33. 我感觉学校所在地区空气质量很好。　( )( )( )( )( )
34. 本地季节变化对我们参加体育活动影响很大。

　　　　　　　　　　　　　　　　( )( )( )( )( )

三、学校内外的体育行为、体育氛围、体育精神文化信息调查

本题除了特别说明的之外,均是单选题。每小题后面提供了数个选项,请在符合现实情况的选项上画对勾,若你选择的是"其他",也请补充填写具体信息。

1. 除了跑步,你熟练掌握了几种可以用来进行锻炼的体育技能(比如打篮球、踢足球、跳健美操、游泳、武术等)?

　　(1)不知道　(2)一种也不会　(3)一种

　　(4)两种　(5)三种以上　(6)其他

2. 你们学校现有多少个体育组织或体育俱乐部?

　　(1)不知道　　(2)0个　　(3)1个

　　(4)2~3个　　(5)4~6个　　(6)7个以上

3. 若有,请写出项目名称:_____。

4. 目前你在学校内外总共参加了多少个体育组织或体育俱乐部？

(1)不知道　(2)0个　(3)1个　(4)2个　(5)3个　(6)4个　(7)5个

5. 你平均每天参加体育锻炼（包括体育课在内）的时间大致是多少？

(1)不知道　　　　(2)不到0.5小时　　　(3)0.5~1小时

(4)1~1.5小时　　(5)1.5~2小时　　　　(6)2小时以上

6. 你们课表上都有哪些体育活动？（可多选）

(1)体育课　(2)早操　(3)课间操　(4)大课间活动　(5)班级体育锻炼

(6)自由体育活动　(7)其他活动

7. 你们的体育课是否按照课表严格执行？

(1)不知道　　　　　　　　　(2)严格按课表执行

(3)基本按课表执行,偶尔会调、停课　(4)根本不按课表执行

8. 课外体育活动能按照课表的安排严格执行吗？

(1)不知道　(2)能　(3)基本能

(4)有些内容能,有些则不能　(5)根本不能

9. 体育教师通常使用什么语言进行教学？

(1)不知道　(2)汉语　(3)本地少数民族语言

(4) 汉语和少数民族语言混用

10. 你们学校有开展比较久,基础良好的传统项目吗？

(1)不知道　(2)一个也没有　(3)只有一个

(4)2~3个　(5)4~6个　　(6)7个以上

11. 若有,请写出项目名称：_____。

12. 你们学校内有体育雕塑吗？

(1)不知道　(2)有一两个　(3)有很多　(4)没有

13. 你们学校体育场地周围有体育标语、宣传海报、漫画吗？

(1)不知道　(2)根本没有　(3)有时有,有时没有

(4)有检查或有重大活动时有　(5)经常会有

14. 你们学校体育场地、设施（例如篮足球场、体育器械等）是否有警示标志或者保护措施？

(1)不知道　　(2)有些地方有,有些地方没有

(3)根本没有 　(4)全部都有

15.你们在体育活动中接受到过下面哪种(些)安全教育？(可多选)

(1)从没进行过　　(2)人身安全(自我保护)　(3)消防

(4)戏水、游泳等　　(5)交通　　　　　　　(6)其他教育

16.你们学校的体育教师有无殴打、体罚学生的现象存在？

(1)不知道　(2)根本没有　(3)个别教师经常有

(4)个别教师偶尔有　(5)很多教师经常有

17.学校多长时间组织你们进行集体体检？

(1)每年一次　(2)两年一次　(3)新生刚入校、毕业班考试前

(4)不定期　(5)其他

18.你最近一次参加身高、体重、立定跳远、仰卧起坐等体质测试是在什么时候？

(1)就没有测试过　(2)记不清了　(3)1个月之前

(4)3个月之前　　(5)6个月之前　(6)9个月之前

(7)12个月之前　　(8)18个月之前　(9)24个月之前

19.你感觉学校对体育重视吗？

(1)非常重视　(2)比较重视　(3)一般

(4)不太重视　(5)很不重视

20.你的家人对你参加体育活动的态度怎样？

(1)非常支持　(2)比较支持　(3)不清楚

(4)比较反对　(5)非常反对

21.你们家平均年收入是多少？

(1)1千元以下　　(2)1千~5千元　　(3)5千~1万元

(4)1万~2万元　　(5)2万~3万元　　(6)3万~4万元

(7)4万~5万元　　(8)5万元以上

22.对于电视上的体育新闻和各种体育比赛,你们家人的态度怎样？

(1)不清楚　　　　　(2)特别关心　　(3)比较关心

(4)有重大比赛时才关心　(5)不太关心　(6)根本不关心

23. 你的家人参加体育锻炼吗?

(1)不知道　　　　　　　　(2)没有人参加

(3)有一两个人偶尔锻炼一下　(4)有一两个人经常锻炼

24. 你们学校所在乡镇经常有各种体育竞赛吗?

(1)不知道　(2)根本没有　(3)偶尔有　(4)经常有

25. 若有,具体项目是_____。

26. 你们学校所在地区经常开展民间、民族类的体育活动吗?

(1)不知道　(2)根本没有　(3)偶尔有　(4)经常有

27. 若有,活动名称是_____,活动时间:_____。

28. 该活动属于下面哪种形式?

(1)不知道　(2)没人组织,完全自发　(3)有专门机构、人员负责组织

29. 你(们)在校外进行体育活动时,周围的人对你(们)的态度怎么样?

(1)不清楚　(2)很好奇,感觉好玩　(3)非常理解和支持

(4)比较理解和支持　(5)不赞同也不反对

(6)有些不满意,偶尔会反对　(7)很讨厌,一点也不理解和支持

30. 你知道自己有哪些体育权利吗?

(1)完全知道　(2)基本知道　(3)知道一部分

(4)知道一点　(5)根本不知道

31. 当自己的体育权利被侵犯时,你知道该怎么做吗?

(1)完全知道　(2)基本知道　(3)知道一部分

(4)知道一点　(5)根本不知道

32. 在校内的自由时间内,你能经常参加体育活动吗?

(1)不能　(2)能

注:选(1)的同学回答完第33题后直接跳至第37题,继续作答,选(2)的同学直接跳到第34题继续作答。

33. 若不经常参加,原因是什么?（可多选）

(1)学习压力很大,不敢去锻炼　(2)没有体育场地

(3)没有体育器材、设备　　　　(4)没有锻炼的同伴

(5)没有人员指导,不会锻炼　　(6)没有体育服装

(7)自己身体不方便　(8)没有时间　(9)自己与同学们关系不好

(10)老师不允许　(11)我不喜欢体育　(12)害怕花钱

(13)体育能力很差,怕被嘲笑　　(14)害怕受伤

(15)其他原因

34. 在校内自由活动时间内,你经常参加的体育活动内容包括下面哪些内容？（可多选）

(1)篮球　(2)足球　(3)排球　(4)乒乓球　(5)沙包

(6)斗鸡(脚斗士)　(7)跳绳　(8)踢毽子

(9)羽毛球　(10)跳舞　(11)游戏　(12)其他

35. 你们学校体育课的教学形式以什么为主？

(1)放羊式　(2)较正规　(3)正规

36. 在校内自由活动时间内,你经常在什么地方参加体育活动？（可多选）

(1)学校体育场地(馆)　　(2)教室周围

(3)校内随便一块空地上　(4)其他地方

37. 在校内自由活动时间内,经常和你一起参加体育活动的都有哪些人？（可多选）

(1)体育教师　(2)学校领导　(3)班主任　(4)家长

(5)其他文化课教师　(6)同学　(7)其他人

38. 在校外你能经常参加体育活动吗？

(1)不能　(2)能

注：选(1)的同学回答完第39题后直接跳至第41题继续作答,选(2)的同学直接跳到第40题继续作答。

39. 若不经常参加,原因是什么？（可多选）

(1)学习压力很大,不敢去锻炼　(2)没有体育场地

(3)没有体育器材、设备　　(4)没有锻炼的同伴

(5)没有人员指导,不会锻炼　(6)没有体育服装

(7)自己身体不方便　　(8)没有时间

(9)自己与同学们关系不好　(10)老师不允许

(11)我不喜欢体育　　(12)害怕花钱

(13)体育能力很差,怕被嘲笑　　(14)农活可以替代体育锻炼

(15)害怕受伤　　　　　　　　(16)其他原因

40. 你在校外经常在什么时间参加体育活动?（可多选）

(1)所有休息时间　(2)作业做完后

(3)农活做完后　(4)吃饭前后　(5)其他时间

41. 你在校外锻炼时所用的器材、设备通常是?

(1)活动场所里免费提供的　(2)租借的　(3)自己的

(4)同学的　(5)不固定　(6)其他

42. 你的体育知识通常是通过什么途径获得的?（可多选）

(1)报纸、书本上　(2)电视上　(3)宣传栏上　(4)网络

(5)朋友告诉的　(6)老师讲的　(7)父母讲的　(8)其他途径

43. 你认为影响、限制你在校内外参加体育活动次数和质量的客观因素有哪些?（可多选）

(1)没有活动时间　　　　　　(2)缺乏活动场所

(3)缺乏合适的器械、设备　　(4)缺少一起活动的伙伴

(5)不会锻炼的方法　　　　　(6)没有人组织管理

(7)活动氛围不浓　　　　　　(8)父母、老师不支持

(9)没钱,经济紧张　　　　　 (10)其他原因

44. 请对你选择的内容按重要程度从高到低进行排序:_____。

45. 为了我们更好地参加体育活动、提高身心健康,你认为有关部门应该做好哪些工作?（可多选）

(1)减轻我们的学习负担和压力,让我们有时间来锻炼

(2)多建一些体育场地(馆)　(3)多添置一些体育器材设备

(4)做好宣传、做通家长的思想工作　(5)多组织各种体育竞赛

(6)改造现有场地器材设备、使之适合我们

(7)安排专业人员给我们进行指导

(8)完善学校体育相关法规制度　(9)其他工作

46. 请对你选择的内容按重要程度从高到低进行排序:_____。

三、家庭经济信息、学校竞赛信息调查

1. 你们家庭主要开支渠道及占家庭年收入的比例如何？

开支渠道	所占比例	开支渠道	所占比例	开支渠道	所占比例	开支渠道	所占比例
家庭生活基本开支		医药费用		学杂费用		房屋修建	
农田、农林投资		添置衣物		赡养老人		其他	

2. 你平均每年在体育方面的开支项目及金额如何？

开支明细	服装	器材、用品	租赁器材用品	体育培训	书籍报刊	体育门票	其他
金额(元)							
合计(元)							

3. 自你入校以来，你们学校都组织过哪些体育竞赛？

名称	次数	名称	次数	名称	次数	名称	次数
越野赛		乒乓球赛		拔河比赛		踢毽子比赛	
篮球赛		羽毛球赛		风筝比赛		广播体操比赛	
足球赛		跳棋大赛		运动会		校园集体舞大赛	
排球赛		跳绳比赛		其他比赛(请写出具体内容和次数)：					

再次感谢你的支持与合作！